Hanne Baar

Vom Oje zum Aha!

zu diesem Buch:

Der Satz, *Alles nur d a s nicht, w a s nicht?*,
hat mein Leben verändert.

Luise Müller (Bäurin)

Nicht das psychologische Wissen, sondern das Auffinden dessen, was im Herzen ist, wird zur Kraftquelle (Ressource), die vom Druck der Unzufriedenheit weg in die Freiheit führt.

Daniel Schoch (Sozialpädagoge)

H. B.s Texte kennzeichnet,
dass man als Leser weiß, sie hat recht.

Joachim Kix (Diplompsychologe)

Hanne Baar

Vom Oje zum Aha!

Die Anatomie der Durchbruchserfahrung

Hymnus-Verlag

1. Auflage 2008

Kardinal-Döpfner-Platz 7, D-97070 Würzburg
Tel./Fax: 0931 4 60 62 59,
hanne@hymnus-verlag.de/www. hymnus-verlag.de
Umschlaggestaltung: image design A. Fietz, Landsberg/L.
Druck: Schönbach-Druck GmbH, Erzhausen
Grafiken im Text: Jana Herzberg, Berlin
ISBN 978-3-933959-06-5

Du kannst nicht gleichzeitig
wahrhaftig und neurotisch sein.
Fritz Perls

Der Geist des Menschen weiß,
was im Menschen ist.
1. Kor 2, 11 f

Inhalt

Teil I: Heilung am wunden Punkt 9
Einleitung * Zwei Stile gelebten Christentums * Zum Beispiel Armin * Überreaktionen * Alles, nur *was* nicht? * Die Grundangst vor Ablehnung * Bestätigung dieser These durch andere Autoren * Dranbleiben ist die Parole * Zum Beispiel ich selbst * Ich merke mir den Weg * Ehrlich geht vor brav * Eskalation * Zum Beispiel Udo * Gedankenfestungen oder „Komplexe" * Kongruenz auf drei Ebenen * Das im Körper niedergelegte Wissen * Zum Beispiel Henrik * Genauigkeit bringts * Abwehrmechanismen sind wie Personen * Noch Fragen?

Teil II: Wieso ich mir so sicher bin 47
Die Vorgeschichte * Der detektivische Beginn * Befreiung durch Aushalten * Das Muster wird sichtbar * „Komplex" oder Faktum? * Der Arbeitsbogen * Arbeitsbogen „wunder Punkt" * Hunderte Anlässe, den „Bogen" zu benutzen * Eine Variante für Kinder * Zwischenbilanz * Die fünf Sterbestufen * Würdigung der Idee einer Längsschnitt-Beobachtung der Gefühle und Affekte * Zweierlei Abweichungen * Mein Alltag oder: So können wir doch leben * Alles ist unser, und wir sind des Herrn

Eine Warnung (das Paradoxon) 73

Die Metamorphose 75

Nachwort 77

Verschiedene Beispiele, die den Wendepunkt beleuchten 79

Literatur 87
Dankbar bin ich 88

Teil I: Heilung am wunden Punkt

Einleitung

„Jeder Mensch denkt ursprünglich über das ganze Leben nach. Aber je genauer er nachdenkt, desto mehr engt sich das ein. Wenn er reif ist, hast du einen Menschen vor dir, der sich auf einem bestimmten Quadratmillimeter so gut auskennt, wie in der ganzen Welt höchstens zwei Dutzend anderer Menschen. Und der genau sieht, wie alle, die sich nicht so genau auskennen, Unsinn über seine Angelegenheiten reden, und der sich doch nicht rühmen darf. Denn wenn er seinen Platz um nur einen Mikromillimeter verlässt, redet er selbst Unsinn." *

Wenn an dieser Aussage Musils etwas dran ist, dann kann jeder sich fragen: „Was ist im Brennpunkt *meiner* lebenslangen Witterung? Was ist *mein* Spezialgebiet, auf dem ich mich auskenne wie kaum jemand?"

Mein Quadratmillimeter höchsten Interesses liegt im Rahmen der Warnung: Man kann Leid nutzen oder vergeuden. Hellhörig in diesem Sinne machte mich unter anderem Viktor E. Frankl, der seine Erfahrungen im Konzentrationslager machte.**

Ich glaubte ihm sofort und wollte wissen: Wie kann ich es anstellen, mit dem Leid, das ich nicht abwenden kann, so umzugehen, dass es wenigstens nicht umsonst gelitten ist?

---

* Robert Musil, *Der Mann ohne Eigenschaften*, Reinbeck bei Hamburg 1990

** *Trotzdem ja zum Leben sagen, Ein Psychologe erlebt das Konzentrationslager*, München 1982

Insbesondere wollte ich genauer wissen, WAS es ist, was mich – wie es oft geschieht oder geschah – böse machen kann, was es ist, was mich im Einzelfall derart ärgert oder beunruhigt, dass ich es inkauf nehme, böse zu werden.

Die Betonung liegt auf WAS. Im Fall von versteckter Angst oder Wut muss da Et-WAS noch Versteckteres sein, das ich weder wahrhaben noch ertragen will, das mich aber sicher gar nicht tötet, sondern womöglich leichter auszuhalten ist als das, was ich mir mit meiner Abwehr einbrocke.

Der Autor von *Durchbruch zur Herrlichkeit*, Paul E. Billheimer (Aßlar 1985) schildert, wie sehr man in den Nöten des Alltags in Gefahr ist zu klagen, zu grollen, Selbstmitleid zu entwickeln. Auch Billheimer nennt das „vergeudetes Leid". *Don't Waste Your Sorrows* lautet der Original-Titel seines Buches. Er geht in seiner Argumentation hauptsächlich von Bibelstellen aus und lehrt überzeugend, dass man Leid, statt dagegen zu rebellieren, eine heilende Wirkung an sich tun lassen kann. Und zwar einfach, indem ich nicht klage, grolle, Selbstmitleid aufkommen lasse, murre. – In eigenen Krisenzeiten begann ich damit, Billheimers Rat zu befolgen und war überrascht, wieviel an innerer Befreiung das bewusste Wahrnehmen und Aushalten von Enttäuschungen, seien sie noch so schmerzlich, tatsächlich nach sich zog.

Unangemessenes Verhalten als Angst- oder Schmerzabwehr zu verstehen, war mir als Psychologin nicht neu. Aber einmal aufmerksam geworden darauf, dass es sich im Fall von Angst oder Groll um eine Art Wegweiser zu einer tieferen Schicht meiner Psyche handelt, wagte ich mich einen Schritt weiter. Ich wollte wissen, WAS ich im Einzelfall für derart unerträglich hielt.

Bei jeder Niedergeschlagenheit oder Verstimmung, die sich nicht von selbst verflüchtigen wollte, begann ich mich interessiert und fast neugierig zu fragen: Was ist jetzt so schlimm? Oder: Was wäre das Schlimmste? Was kann es sein, was meine Aufmerksamkeit unterschwellig im Bann der Angst hält, Reaktionen verfälscht, mich in Zwänge oder Gottweißwas an unangemessenem Verhalten führt?

Inzwischen weiß ich: Wer sich in diese Richtung vorzutasten beginnt, kann sich selbst kennen lernen wie eine fremde Person und einen Weg betreten, der von Aha-Erlebnissen nur so gesäumt ist.

Ich gehe davon aus, dass ich dem Leser mit den bisherigen Ausführungen nicht allzu viel Neues sage. Weil das Thema jedoch bedeutsam ist, jeden betrifft, zudem auf der Schnittstelle Psychologie/Theologie behutsam balanciert werden muss, will ich mich anstrengen und es weiter entfalten.

Zunächst aber erst einmal zu der Art von Schutz, unter den ich bei der Arbeit an meinem Charakter schlüpfe. Denn wie das ohne Glauben (ohne dabei vertrauensvoll mit Gott zu rechnen) gehen sollte, weiß ich nicht.

Zwei Stile gelebten Christentums

Als Kind unterschied ich den christlichen Glauben in katholisch und evangelisch. Ich war katholisch. Das hielt ich für besser. Später, als ich mich vor Jahren im Rahmen der Jesus-People-Bewegung auf eine bewusstere Weise zu Gott bekehrte, unterschied ich zunächst arrogant in Taufscheinchristen und „wirklich" Gläubige.

Heute freue ich mich an der Übereinstimmung all derer, die, sagen wir, das Vaterunser beten. Die Jahrzehnte nach meiner Bekehrung haben mich gelehrt, Spaltungen nicht sinnlos zu vertiefen. Abgesehen davon, sehe ich jedoch zwei „Stile" (Phasen, Formen) gelebten Christentums.

Stil 1 (praktiziert vor allem von Neubekehrten) ist gekennzeichnet durch folgende Haltung:

Ich gehöre einer Gemeinde an, lese die Bibel, bete Psalmen, bete für Anliegen, lebe im festen Glauben, dass Gott gut ist, nah ist, alles kann, alles weiß und mir wohlwill. Ich wachse heraus aus meinen Unarten „im Fleisch", wachse immer näher hin zu IHM und Seinem Wesen. Und führe ein Leben „im Geist", was bedeutet: Ich sehe die Dinge meines Lebens unter dem Gesichtspunkt von Ewigkeit.

Dass ich das so annehmen und glauben kann, erlebe ich als unverdiente Gnade. Von dieser Gnade sage ich andern. Denn ich selbst bin überaus dankbar dafür, dass ich in meinem Leben Christen begegnet bin, die mir das Evangelium glaubwürdig vermittelt haben.

Stil 2 (als folgerichtige Weiterentwicklung):

Je mehr ich begreife, was Gnade ist, umso weniger Angst habe ich, mich mir selbst zu stellen, meiner Vergangenheit, auch meiner Schuld und der Tatsache, dass ich mich davon nicht selbst erlösen kann.

Es gibt keine Wahrheit an Gott vorbei, und so gilt, dass ich sein darf, die ich bin und mich nicht verstellen und verbergen muss.

Mich interessieren zunehmend die I n h a l t e meiner Bitterkeit, meines Ärgers, meiner Ängste und inneren Schwüre. Denn die T a t s a c h e , dass wir nicht schwören, uns nicht ängstigen, nicht bitter sein sollen, ist mir bereits bekannt. Nicht meine Ängste oder Empfindlichkeiten als solche, sondern deren Inhalte weisen hin auf das, was sich an meiner bewussten Zustimmung vorbei in meinem Leben untergründig verselbständigt hat.

Wenn sich wunde Punkte auftun, während ich die Tiefen meiner Bitterkeit und Enttäuschungen auslote, bin ich mit Gott verbündet und lerne es, in IHM zu bleiben.

Wir wollen immer höher hinaus, aber Gott will, so sieht es für mich aus, immer tiefer hinein. Und so breitet sich Erlösung in uns aus. Vorausgesetzt, man bleibt nicht stecken auf dem Weg.

Diese Gefahr besteht. Ängste können sich verselbständigen und unser Leben sehr unflexibel machen. Im Falle von Kritikempfindlichkeit (zum Beispiel) mag die Gefahr, stecken zu bleiben, besonders groß und die Starrheit besonders hart sein.

Zum Beispiel Armin

Jeder weist in seinen Reaktionen wohl beides auf: Empfindlichkeit und Empfindsamkeit.

Dabei ist eine erhöhte Empfindlichkeit (Kränkbarkeit) als Störsignal der Psyche, Empfindsamkeit (Sensibilität, Einfühlungsvermögen) dagegen als Zeichen einer guten inneren Balance zu werten.

Armin hatte als kleiner Junge seine Mutter verloren, für deren Tod er sich, so rekonstruierte man später, verantwortlich gefühlt haben muss. Und wahrscheinlich gab es darüber hinaus noch so einiges, was ihn völlig überfordert hat. Jedenfalls war er als Erwachsener nicht in der Lage, mit eigener Schuld fertig zu werden. Bei jeder bloßen Andeutung von Vorwurf durch andere kam er in Panik und Wut. Vorhaltungen, auch behutsame, schmetterte er aggressiv ab.

Darauf angesprochen, empörte er sich. So dass die, die ihm zunächst durchaus wohlgesonnen waren, einer nach dem anderen die Schultern zuckten und es aufgaben, mit ihm offen zu sprechen, vor allem, ihn aufklären und ändern zu wollen in dem Sinne: „Keiner will dir doch etwas! Kannst du das und das nicht zugeben?“ – Nein, das konnte Armin nicht, auch nicht das ganz und gar Offensichtliche.

Dennoch war er nicht unbeliebt. „Ich tu alles, was in meiner Macht steht. Und du kritisierst mich dafür nicht“, war der unausgesprochene Vertrag, den er mit Arbeitgebern, Freunden, Familienangehörigen einging.

Weil sein jeweiliges Gegenüber in der Regel flexibler war als er, gab es Arrangements. Man kritisierte ihn nicht mehr, nahm Rücksicht auf seine Empfindlichkeit und schwieg.

Und so gab es über Jahre und Jahrzehnte keine nennenswerte Entwicklung, weder in den Beziehungen, noch in Armins Angst vor Kritik.

Menschen wurden geboren, Menschen starben, es gab Leid und Freude und unvorhergesehene Ereignisse. Es gab Veränderungen, an denen andere reiften. Armin aber steckte fest und blieb, zumindest, was sein Symptom betraf, immer derselbe.

Für jemanden, der sich nicht in Frage stellen lassen will, der bei sich selbst weder Sünde noch Fehler wahrnimmt, gibt es keine Veranlassung, sich vor Gott zu überprüfen. So erklärt sich Armins Feststecken über Jahre und Jahrzehnte.

Genauer betrachtet ist im Leben dieses Menschen ein innerer Schwur aktiv, der seit frühester Kindheit im Kampf gegen die Angst eine verkehrte Hauptsache im Sinne von „Hauptsache, dass ... “ oder „Hauptsache, dass nicht ... “ installiert und ihn darauf fixiert hat.

Solche Knoten lassen sich aber lösen. „Überreaktionen“, die übrigens auch als „Unterreaktion“ in Erscheinung treten können, sind ein guter Zugang, sofern der Betroffene sie als solche erkennt. Das Befremden über sich selbst im Falle einer Überreaktion ist ein gutes Motiv, fragend zu werden und nachzuspüren, was auf einer tieferen Ebene eigentlich los ist.

Überreaktionen

Vom aktuellen Anlass aus betrachtet, ist eine Überreaktion „verrückt", vom wunden Punkt, dem *eigentlichen* Anlass her gesehen, ist sie verständlich.

Ein Beispiel: Am Laufband vor der Kasse eines Supermarktes liegen die noch unbezahlten Lebensmittel eines Mannes mittleren Alters. Die geöffnete Geldbörse in der Hand wippt er unruhig wartend mit seinem rechten Fuß. Eine Frau, nichts Böses ahnend, steht direkt hinter ihm. Ebenfalls wartend beugt sie sich über ein langes Weißbrot. Sie will auf der Verpackung nachlesen, ob das ein frisches Brot ist oder eins zum Aufbacken. Noch bevor sie das herausfindet, dreht sich der Mann zu ihr um und brüllt: „Was fällt Ihnen ein ... ."

Die Frau versucht erschrocken zu erklären: „Ich wollte doch nur ... ." Damit kann sie den Mann aber nicht beruhigen. Im Gegenteil, er wird immer lauter. Als die Kundin den Laden verlässt, steht er draußen vor der Tür und schreit ihr nach: „Verschwinden Sie bloß, sonst passiert was." – Eine Überreaktion.

Wenn jemand ohne nachvollziehbaren Anlass dermaßen ausrastet, muss sich bei ihm eine Menge Bitterkeit angestaut haben. Der Blick der Frau auf das hygienisch verpackte Brot, das von ihm noch gar nicht bezahlt war, erklärt die Aufregung des Mannes jedenfalls nicht.

Welcher wunde Punkt wurde hier berührt? Wenn der Mann das hätte wissen wollen, wäre es ihm vielleicht eingefallen.

Alles, nur w a s nicht?

Abb. 1: Der verhängnisvolle Satz
(Skizze eines Jugendlichen,
entstanden während einer Therapie)

Auf dem Grund solcher Ungereimtheiten und dem wunden Punkt vorgeschaltet, findet sich in der Regel und überraschend durchgängig der meist früh eingefleischte Schwur: „Alles, nur *das* nicht“.

Mit dieser Festlegung, so verständlich sie bei ihrer Entstehung gewesen sein mag, hängen wir an der Angel der Angst und bekräftigen jedes Mal den Pakt mit der Angst, wenn wir gewohnheitsmäßig überreagieren.

Die Grundangst vor Ablehnung

Vermutlich ist es die zu früh und zu heftig erlebte, von den Eltern nicht so gemeinte, als Kind aber als solche empfundene Ablehnung, die im Leben der Menschen der Angst den Weg bahnt, vor allem, wenn sie im Wechsel mit Verwöhnung vorkommt.

Ablehnung wird als Absturz erlebt, als peinliche, schmerzhafte Entwertung. Dies geht einher mit dem Verlust des Haltes und der Identität als geliebtes Kind und bedeutet Todesangst. Dem Kind fährt der Schreck so in die Glieder, dass es das Angebot der Panik annimmt und sich selbst verspricht: „Ich tu ab jetzt alles, um DAS nicht noch einmal zu erleben."

Damit ist das Problem Ablehnung für diesen Menschen jedoch nicht aus der Welt, im Gegenteil. Angst macht erpressbar.

Die Drohung, mit der man uns ab jetzt gefügig machen kann, besteht in einem unterschwellig beständig wirksamen „Sonst ...!" (... wirst du abgelehnt). Und infolge dieser Drohung kommt zur Angst vor Ablehnung meist bald als deren erster Ableger und als neue angstvolle Festlegung hinzu: „Alles, nur nicht Zwang, Druck, Einengung!" *

Ablehnung meidend, Vereinnahmung hassend, Annahme suchend wird das Leben schon früh zum Seiltanz. Und es bedarf all unserer Intelligenz und unseres guten Willens, nach und nach diese Festlegungen aufzufinden und sie in ihrer Automatik außer Kraft zu setzen.

---

* ausführlicher in H. Baar, *Wie man wahnsinnig werden kann*, Hymnus-Verlag, Rottendorf 2001³

Ach komm,
vertrau mir doch.
Ich meine es nur gut
mit Dir!

Bestätigung dieser These durch andere Autoren

Wilfried Daim, einem scharfsinnigen Wiener Psychoanalytiker, ist es bereits in der Mitte des letzten Jahrhunderts gelungen, überzeugend zu zeigen, dass es die aus Angst geborene störrische Absolutheit ist, die im menschlichen Denken die bekannten neurotischen Fixierungen und Verzerrungen anrichtet.

Fußend auf Ausführungen Kierkegaards in *Entweder-Oder* betont Daim, dass Gott allein der Absolute ist und unsere Angst, mit der wir uns in absoluter Manier an Geschaffenes klammern, der Erlösung bedarf (vgl. W. Daim, *Umwertung der Psychoanalyse*, Wien 1951 sowie *Tiefenpsychologie und Erlösung*, Wien 1954).

Auch Paul Watzlawick beobachtete: „Jeder, der sich einer Psychotherapie unterzieht, sagt grundsätzlich dasselbe, nämlich: Alles, nur *das* nicht.“ – Jeder, schreibt er in *Die Möglichkeit des Andersseins* (Bern 1986, S. 104). J e d e r !

Beide Autoren untermauern somit, dass das, was uns aus dem Gleichgewicht bringt, in der Absolutheit liegt, mit der wir uns auf ein *Ja* oder *Nein* festschwören. Auch die Schrift ermahnt uns, nicht zu schwören, beim einfachen *Ja* oder *Nein* zu bleiben, „denn was darüber hinausgeht, ist vom Bösen“ (Mt 5, 37).

Dranbleiben ist die Parole

Überreaktionen, eigentlich alle inadäquaten Reaktionen, und das ist die gute Nachricht, sind brauchbar als Zugang zum wunden Punkt.

Um an diesen heranzukommen, kann man sich, statt an sich selbst zu verzweifeln, lieber fragen: „Was war jetzt eigentlich für mich so schlimm, dass ich dermaßen überreagiert habe?"

Mich freundlich für meine Motive und Gefühle zu interessieren, gibt meinem Herzen grünes Licht sich mitzuteilen.

Meist sind viele Ausraster in die gleiche Richtung nötig, bevor man überhaupt fragend wird, so dass Bewusstheit entstehen und sich ein Knoten lösen kann. Jede eigene Unzufriedenheit oder Verzweiflung, jede inadäquate Reaktion, wenn wir auf sie achten und sie nutzen, bringt uns etwas näher heran an dieses Ziel: Weg vom Reflex und hin zur Bewusstheit, hin zum Verschmerzen der Enttäuschung und damit hin zur realistischen Chance auf völlige Heilung der Wunde.

Noch einmal mit anderen Worten: Durch überfordernde Kindheitssituationen entstehen in uns Schutzmechanismen im Sinne von Alles-nur-*das*-nicht-Schwüren, granitharte Fremdkörper in unserem weichen, sensiblen Leben. Sie gesellen sich früh hinzu zu den traumatischen Erinnerungen, breiten sich im Rahmen ihres ursprünglichen Themas aus und machen eine intelligente Haltung des Fragens und der Flexibilität in der Sache, auf die sie sich beziehen, fast unmöglich. Bewusst sind dann nur noch Angst und Wut und das Entsetzen über die eigene Gereiztheit als Reaktion auf Anlässe, die das weder verdienen noch erklären.

Überreaktionen, unangemessenes Verhalten, Gewohnheiten, die uns fragend machen, weil wir sie als verkehrt, vielleicht als Sünde empfinden, eignen sich somit als Zugang zu den verborgenen Nestern („Komplexen“) aus Schmerz, Angst, Wut, um sie aufzufinden und auszuheben. Wie – ?

Im nachfolgenden Beispiel zeigt sich das Muster. Zuerst gibt es immer einen auslösenden Anlass, den man nutzen kann, um sich dem wunden Punkt zu nähern.

Zum Beispiel ich selbst

Ich bin aufgebracht. Einer meiner Söhne, Student und knapp bei Kasse, hat sein Bankkonto hoffnungslos überzogen. Als ich dafür einspringen will, sind die Forderungen der Bank bereits an ein Inkasso-Institut übergeben worden. – Ich kann das nicht verstehen und rege mich auf.

Bevor ich dort anrufe, will ich aber meinen Ärger unter die Lupe nehmen. Andernfalls besteht die Gefahr, dass ich wie von der Tarantel gestochen hochgehe. Und das rechtfertigt der Anlass vielleicht doch nicht.

Sätze wie „glaube nur“, „nimm das Negative nicht an“, „das sind Lügen des Feindes“, „Gott liebt dich“, „du bist wunderbar gemacht“, „lass dich nicht schwächen im Kampf“ usw., solche Trostzusprüche helfen mir nur, wenn ich sie glauben kann. Sie helfen nicht, wenn ich glaube, sie glauben zu müssen.

Der Glaube, den ich jetzt brauche, um wieder zur Ruhe zu finden, muss umfassender sein, absoluter im Sinne von „selbst dann“, „selbst wenn es so wäre“,

„Gott ist größer als das“, „Gott wäre selbst dem (meinem DAS) gewachsen.“ Dazu ist nötig, mein DAS zu kennen.

Worum geht es in meiner Empörung, wozu sagt mein Herz in diesem konkreten Fall: Alles, nur DAS nicht, wozu genau? – Ich nehme meinen Mantel und gehe etwas durch die Straßen.

Die beiden Bilder, Realität und Anspruch, die man bei jedem Ärger vergleicht, denn nur in der Abweichung besteht das Ärgerliche, habe ich schnell vor Augen: Statt hilfreich, freundlich und fürsorglich erscheint mir jetzt die Bank (oder gar die ganze Welt?) nur noch bedrohlich. Eine dunkle, eisenharte Maschinerie ohne Vernunft und Menschlichkeit, vor der ich mich in Acht nehmen muss. Gleichzeitig weiß ich: Dies ist nur meine derzeitige, aufgewühlte Sicht. Bei dieser Sicht will ich aber ganz bewusst erst einmal bleiben.

Wie erwartet, verschärft sich jetzt mein Ärger. Denn an dieser Vorstellung hängen noch andere Erfahrungen: Momentane Probleme bei der Kindergeldkasse, Ärger mit der Post in der Vergangenheit, als mein Sparbuch gestohlen worden war, auch die Geschichte eines Freundes, der als Tourist in Berlin nach seiner Ankunft mit dem Zug ein U-Bahn-Ticket kaufte und, kaum war er eingestiegen, 40 Euro Strafe zahlen musste, weil er, was er nicht wusste, sein Ticket vor Fahrtantritt hätte abstempeln müssen. – Dann die Geschichte eines befreundeten Ehepaares. Sie kamen mit ihren Kindern nach mehr als 20 Jahren Missionstätigkeit aus Thailand zurück nach Deutschland. Der Ehemann, von Beruf Ingenieur, fand hier keine Arbeit, bekam Hartz IV und einen Ein-Euro-Job bei der Müllabfuhr.

Eine solch kafkaeske Maschinerie vor Augen, unmenschlich, ohne Verstand, ohne Augen und Ohren, wohin ich auch schaue, fühle ich mich hilflos, ohnmächtig, zornig. Ich steigere mich rein und will in diesem Moment kein gutes Haar mehr an Ämtern und Institutionen lassen. Ich will wüten und schimpfen. Aber will ich das wirklich?

Nein. Der Grund, durch meine Wut bis hierher durchzugehen war ja der, sie los zu werden. Ich will meinen Seelenfrieden nicht aufs Spiel setzen. Ihn aber auch nicht bezahlen mit Augenverschließen.

Und so rede ich mir nichts ein oder aus, pfeife mich aber zurück aus meiner wütenden Übertreibung und frage mich, wie weit mein Gottvertrauen reicht, ob ich auch hier, selbst wenn es so wäre, wie ich es gerade sehe, bei meinem Ja bleiben und sagen könnte: „Ja Herr, selbst dann ... !"

Dieses Ja, nicht vor Gott gesprochen, wäre Resignation. Was ich meine, kann man „Loslassen" nennen oder „Kapitulation vor IHM". – Indem ich mich zu diesem „Selbst dann" entscheide, paradoxerweise genau in dem Moment kommt die Wende, und nun sehe ich auch wieder das Gute, das ich öffentlichen Institutionen und Ämtern verdanke. Was sich als Hölle aufgeblasen hatte, fällt in sich zusammen. Ich atme auf. Der Durchbruch, den ich so liebe! Ich wusste es doch! Es hat geklappt.

Als ich jetzt meinen Anruf tätige, erfahre ich den Grund für die Maßnahme der Bank. Nach einem Umzug meines Sohnes lag seine Adresse nicht mehr vor. – *Das* war es also. Verständlich.

So verschieden die *Inhalte* von Verzweiflung oder Niedergeschlagenheit auch sind, die *Schritte* durch sie hindurch in die Freiheit sind immer ähnlich.

Brille ab, vielleicht?
Scheint angewachsen

Ich merke mir den Weg

Um mir die einzelnen Schritte zu merken, gehe ich sie in Zeitlupe noch einmal durch:

- Es gibt also zunächst einen Anlass, der mich in Aufregung versetzt.
- Ich frage mich: Was ist daran so schlimm für mich? Was genau? Und: Wo im Körper sitzt der Ärger?
- Während ich ihn wahrnehme, er sitzt in dem Fall in der Brust und behindert die Atmung, spüre ich nach, welche beiden Vorstellungen (Anspruch und Realität) ich empört vergleiche.
- Beides habe ich schnell vor Augen: Statt fürsorglich (= mein Anspruch) sind die Bank sowie andere öffentliche Einrichtungen brutal auf Profit aus (= die Realität, wie sie mir erscheint).
- Mir fallen viele ähnliche „Übel“ ein, und mein Ärger verschärft sich.
- Nun bin ich da, wo ich hin will: am wunden Punkt und an der Grenze dessen, was mein Herz hinzunehmen bereit ist, wo es „So nicht“ sagt, sich empört und weder Vernunft walten lassen noch nach Gott fragen will.
- Mit dieser Haltung schließe ich nicht, wie ursprünglich erhofft, den Schmerz aus, sondern die Heilung des Schmerzes.
- Ich bleibe im Fühlen und hüte mich, „mein Herz“ , statt es zu verstehen, mit „Ja, aber ...“ – Sätzen belehren zu wollen.
- Und nun, das ist das Wichtigste, stelle ich mein Herz vor die Wahl, frage, ob es „auch dann“, „selbst für den Fall“, „komme, was wolle“, bei seinem Ja zu Gottes Willen bleibt.
- Und jetzt, vielleicht weil es gefragt worden ist, sagt mein Herz: „Ja.“

– Im selben Moment (!!!) verlässt mich der Druck, und ich atme auf.

Ist das nicht ein Mysterium? Wenn ich mich auf den Weg mache zu meinem wunden Punkt, dann zeigt sich, so kommt es mir vor, dass Gott schon vor mir da war. Etwa um genau dort auf mich zu warten ... ? Mich begeistert das. Es ist möglich, die Hölle, in die man ungewollt hineingeraten war, mit gezielten Schritten wieder zu verlassen.

In Goethes Faust kann der Teufel ein Haus nur auf dem Weg verlassen, auf dem er reingekommen war. Da muss etwas dran sein!

Ehrlich geht vor brav

Es kann den Durchgang durch solche Prozesse und damit die innere Heilung an einem bestimmten wunden Punkt um Jahre beschleunigen, seine Angst und seinen Zorn, einen Rahmen vorausgesetzt, wo man niemand damit schadet, auszudrücken. Es tut enorm gut, dabei diejenigen Worte zu finden, die den Gefühlen entsprechen und das, was in mir ist, auch dann ans Licht zu lassen, wenn es mir nicht gefällt und ich mich dessen schäme.

Vermutlich ist es in dem Fall gar nicht das Auswüten meines Zornes an sich oder das Weinen an sich, auch nicht die Genauigkeit des Vorwurfs, den ich erhebe an sich, was so wohl tut, sondern die Tatsache, dass man sich zu sich selbst und seinen wirklichen Gefühlen stellt.

Unser gequältes, geknebeltes Herz atmet auf, wenn es sich verständlich machen darf. Die Kluft zwischen dem Anschein, den man sich nach außen gibt, und dem, was wirklich in uns los ist, wird in dem Moment aufgehoben. Eine schmerzliche Gespaltenheit in der eigenen Person wird überwunden. Und, das weiß man dann, der Schmerz, der vor Gott bloß liegt, ist leichter zu ertragen als der Schmerz der Gespaltenheit, in die man kommt, wenn man seine Gefühle verbirgt und nicht wahrhaben will. Vor allem geht er vorüber, was man von der Qual der Gespaltenheit nicht sagen kann. Sie wird schlimmer und schlimmer.

Im Jakobusbrief (Jk 4, 8b - 9) findet sich nicht nur die Erlaubnis oder die Ermutigung, sondern geradezu die Anweisung, es so zu machen: „ ... heiligt eure Herzen, die ihr geteilten Herzens seid. Fühlt euer Elend, trauert und heult!"

Enttäuschungen übelzunehmen ist einerseits absolut verbreitet, andererseits kann man Personen begegnen, die im Fall einer Enttäuschung oder Verletzung nicht übel*nehmen*, sondern das Übel *stehen lassen*. Sehr kleine Kinder können das. Oder Heilige, die wieder „wie die Kinder" geworden sind.

Der Normalsterbliche nimmt übel und vergibt, so gut es geht. Was er nicht vergeben will oder kann, steckt er weg. Dieses „Wegstecken", „unter den Teppich kehren", „gute Miene zum bösen Spiel machen", verschlingt, das ist der Preis, unterschwellig Aufmerksamkeit. Es ist, als ob man peinliche Schmutzflecke, die auf eine blütenweiße Tischdecke geraten, hastig abbindet, damit die Tischdecke weiterhin blütenweiß bleibt. Dieser Vorteil wird aber damit bezahlt, dass von der Tischdecke (= der verfügbaren Aufmerksamkeit) immer weniger übrigbleibt.

Eskalation

In einer eigenen, sorgfältig reflektierten Eifersuchtskrise, es war die Zeitspanne meines Lebens, in der ich am meisten lernte zu dem Thema, über das ich hier schreibe, zeigte sich, dass ich jedesmal zwei Reaktionsmöglichkeiten hatte, wenn ich mich verletzt fühlte, in diesem Fall von meinem Mann, was meine Nähe- und Liebeswünsche betraf (vgl. Abb. 2).

Mein empörtes, beleidigtes Übelnehmen, wenn ich es geschehen ließ, es geschah wie von selbst, setzte sich als Bitterkeit sozusagen in meinen Schmerz und konservierte ihn. Reagierte ich auf die nächste Verletzung ähnlicher Art wieder mit Übelnehmen, so addierte sich die neue zur alten Verletzung, die neue zur alten Bitterkeit und immer so weiter – so oft und so lange, bis ich mich völlig verwundet fühlte. Am Ende war ich so allergisch, dass es mir schon weh tat, wenn mein Mann eine Katze streichelte.

Es kam der Punkt, wo ich mich an die Eifersucht verloren hätte, wenn ich nicht auf eine leise, aber deutliche innere Warnung hörend, Gott sei Dank rechtzeitig, den unumstößlichen Entschluss gefasst hätte, den Schmerz der Eifersucht zuzulassen, hinter der Wut meine Traurigkeit und Enttäuschung wahrzunehmen und auch zu verstehen, wie weit diese Gefühle in meine Kindheit zurückreichten.

Auf diese Weise wurde ich schließlich nicht nur frei von Eifersucht, sondern wurde insgesamt gelassener, gütiger, großzügiger und selbstsicherer.

---

* Ausführlicher in Hanne Baar, *Quälgeist Eifersucht.* Hymnus-Verlag, Rottendorf 2002[5]

Abb. 2: Die beiden Möglichkeiten der Schmerzverarbeitung

Anspruch

Frustration

Schmerz, Angst

A. Annahme des Schmerzes

Der Schmerz wird durchlebt, durchtrauert, vergeben.

Die Sache erledigt sich.

Ein Reifeschritt ist gelungen, Ansprüche und Stolz sind gemäßigter,

weniger Angst, mehr Kraft, mehr Freiheit.

B. Reflexhaft empörtes oder beleidigtes Übelnehmen, um den Schmerz der Enttäuschung abzuwehren und auf dem Recht der Erfüllung des Anspruchs zu bestehen.

Das Übelnehmen sitzt in der Wunde, und hindert sie zu heilen.

Neue Verletzungen schlagen in dieselbe Kerbe, erneut reflexhaft anspringendes Übelnehmen.

Der nicht vergebene Schmerz heilt nicht, summiert sich auf. Man wird immer empfindlicher. Angst kommt hinzu.

Eskalation bis zur Allergie. Man wird chronisch gereizt.

Unverständliche Reaktionen. Man nähert sich der Grenze zum Wahnsinn.

Zum Beispiel Udo

Udo heiratet. Sein Gefühl ist Dankbarkeit. Die Frau sieht gut aus. Sie ist sein Typ. Er fragt sich: Womit habe ich eine solche Frau verdient! Nach wenigen Jahren ist ihm dieselbe Frau zuwider. Inzwischen sind Kinder da, eine Scheidung ist so gut wie ausgeschlossen, und Udo ist unglücklich. Er sagt: „Ich mag sie einfach nicht mehr. Wieso? Ach, es ist nichts Bestimmtes. Alles halt, allein schon ihre Stimme, ihr Dialekt." – Was ist da vorgefallen? Die Frau spricht gar keinen Dialekt.

Udo ist ein Beispiel dafür, wie scheinbar unüberwindlich Negatives, wenn es nur weggesteckt und nicht zur Sprache gebracht wird, im Laufe der Jahre eskalieren kann. (Das ist kein ausgedachtes Beispiel.)

Ist es möglich, aus einer derartigen Allergie gegen eine Person wieder herauszukommen? Ein Außenstehender kann es Udo nicht versprechen. Aber wenn es gelingt, dann wird Udo sehen, mit der Partnerin hatte diese ganze Geschichte am Ende weniger zu tun als mit ihm selbst. Sie war, nachträglich betrachtet, Anlass und Chance zu einer Tiefenheilung in seinem eigenen Charakter.

Dass es auf Umkehr ankommt, auf Glauben, Einwilligen, Vergeben, auf Liebe, das weiß man als Christ. Aber dass der Unwille, wenn er genauer bezogen und vor Gott eingestanden wird, den Schmerzpunkt freilegt und das „Verschmerzen" der aktuellen sowie der damit verbundenen alten Enttäuschungen möglich macht, weiß man oft nicht. Die Tür, „hin zum Schmerz" kennt man nicht, nur die Tür, „weg vom Schmerz", in dem Fall weg vom Partner, der Partnerin.

Gedankenfestungen oder „Komplexe"

Hat jeder in sich wunde Punkte und unerledigte Themen, die irgendwann aktuell werden? Hat jeder Unverdautes, „Komplexe" aus Angst, Wut, Schmerz? Oder nur der „Neurotiker"?

Jesus hatte offenbar keine. „Der Fürst dieser Welt wird kommen, doch in mir hat er nichts", lese ich im Johannesevangelium (Jh 14, 30). Leider kann ich das von mir nicht behaupten. In mir hatte und hat er Festungen, „Komplexe". Und in den Menschen, die ich näher kenne, offenbar auch.

Beim einen sind es viele, beim anderen nicht so viele. Außerdem gibt es große oder kleine, oberflächlich oder tief liegende, leicht auflösbare, schwer auflösbare, offen liegende, verborgene, verkapselte, vernetzte, isolierte, abgespaltene, inhaltlich reale, irrationale, einzeln vorkommende, verschachtelte ...

Aufgrund eines konkreten Anlasses spüre ich: Ein wunder Punkt wurde berührt. Ich bekomme Angst, schlechte Laune, Wut, Druck. Und stoße, wenn ich dranbleibe, auf den Kern meiner Empörung.

Indem das geschieht, indem ich innehalte, die Empörung wahrnehme und mir anschaue, was dahinter steckt, ist die Granithärte eines konkreten Alles-nur-*das*-nicht-Schwures bereits gebrochen. Aus meinem unbewussten Nein automatischer Rebellion kann jetzt entweder ein Ja oder ein legitimes Nein werden, ein Nein, das mit sich reden lässt und vernünftiges Nachdenken nicht mehr wie selbstverständlich ausschließt.

Abb. 3: „Komplexe“

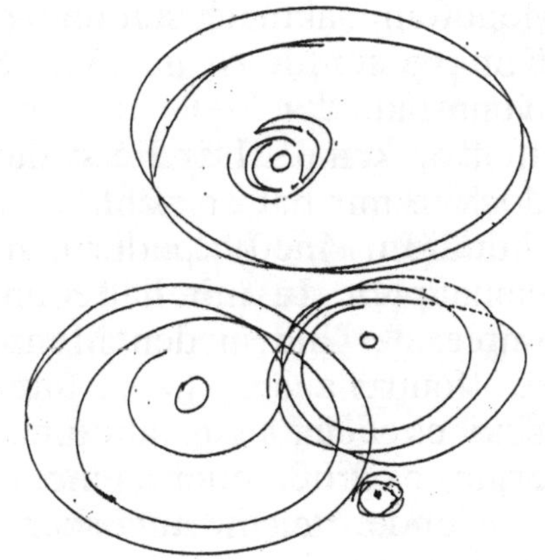

viele	–	nicht so viele
große	–	kleine
oberflächlich	–	tiefliegend
leicht auflösbar	–	schwer auflösbar (Sekunde bis Jahrzehnte)
offen liegend	–	verborgen, verkapselt
vernetzt	–	isoliert, abgespalten
inhaltlich real	–	irrational
einzeln	–	verschachtelt („Puppe in der Puppe“)

Manchmal werde ich gefragt, ob mir die Menschen nicht leid tun, wenn sie aufgrund eines bestimmten Anlasses auf eine frühere Erlebnisstufe zurückfallen (regredieren) und die bisher weggesteckten Schmerzen plötzlich fuhlen. Meine Antwort ist *nein*.

Wer den seelischen Schmerz fühlt, ist bereits dabei, ihn zu „verschmerzen". Illusionen werden losgelassen, Sachverhalte akzeptiert und Reifeschritte vollzogen. – Mitgefühl habe ich allerdings mit Personen, die in den eigenen, noch ungeklärten Gedankengängen zu lange auf der Stelle treten. Meist tun die Betroffenen dann das Richtige: Sie nehmen erst einmal Abstand von dem verwirrenden oder schmerzlichen Thema, erledigen eine körperliche Arbeit oder wandern, treiben Sport, besuchen Freunde, leben ganz normal weiter, das wäre jedenfalls das, was zu empfehlen wäre. Während ihr Thema unterschwellig in ihnen weiterarbeitet und irgendwann, mit oder ohne seelsorgerlicher Hilfe, einen nächsten Schritt oder eine nächste Erkenntnis hervorbringt, ja, beides schließlich wie auf einem Tablett serviert.

Mit anderen Worten: Die im Untergrund unserer Psyche mehr oder weniger aktiven „Komplexe" (die Bibel spricht von „Gedankenfestungen") gebärden sich wie Teilpersonen oder wie personifizierte Anliegen, denen offenbar jedes Mittel recht ist, um sich zu behaupten. Sie kommen als Überreaktionen ins Bewusstsein. Und man tut gut daran, sie auf den Punkt zu bringen, um das befreiende Alles-auch-*das* vor Gott zu sprechen und Gott fragend – Gott hörend dran zu bleiben, bis es zum Aufatmen kommt.

Es kommt also nicht darauf an, sich die Komplexe aus Angst, Wut, Verzweiflung auszureden, sie zu überspielen, auch nicht, sie zu verteufeln, sondern darauf, sie im Interesse der fälligen Umkehr erst einmal in ihrem mit Sicherheit berechtigten Anliegen zu verstehen. Im Unrecht sind sie ja nicht mit ihrem Anliegen, sondern mit der Absolutheit, in der sie es vertreten.

Kongruenz auf drei Ebenen

„Komplexe“ lassen sich, wenn sie zutage treten, in der Psyche gleichzeitig auf drei Ebenen ausmachen:

in der Vorstellung,
als Körpersignal
und als Deutung (Bedeutung).

Für den vor allem in den USA bekannten Begründer der *Eidetischen Psychotherapie* Akther Ahsen, ist ein „Komplex“ eine Art Minipersönlichkeit, die als eine Einheit von Anschauungsbild, Körpersignal und Bedeutung (als „AKB“) in Erscheinung tritt.

So wie in der Geometrie eine Gerade durch zwei Punkte festgelegt ist, ist der „Komplex“ offenbar hinreichend identifiziert (ertappt), sobald er sich als „AKB“ auf allen drei Ebenen gleichzeitig zeigt. Wenn das geschieht, entsteht Bewusstheit, und jetzt, damit ist schon sehr viel erreicht, schließt „die totale Erfahrung mit all ihren Dimensionen die Möglichkeit, dass sie pathologisch ist, aus.“ *

Der bisher aus der bewussten Aufmerksamkeit angstvoll abgebundene Inhalt liegt wieder auf dem Tisch. Er kann beleuchtet und umfassend verstanden werden, was selbst dann gut tut, wenn das, was man versteht, etwas Schmerzliches ist. – Wenn ich wahrheitsliebend, wahrheitssuchend, Gott fragend und Gott hörend dranbleibe, kann ich erleben, dass es zu Antworten, Geistesblitzen, Ahaerlebnissen und Befreiungserfahrungen kommt.

---

* Akhter Ahsen, zitiert in Corsini, Handbuch der Psychotherapie, Bd. 2, Weinheim 1994, Anees Sheik und Charles Jordan: *Eidetische Psychotherapie,* S. 147. – AKB wird im Englisch als ISM bezeichnet (Image, Somatic pattern, Meaning).

Besonders, wenn ich den Körper, das, was mir dieser signalisiert, einbeziehe in meine Wahrnehmung, zeigen sich Lösungen, die als Aha–Erlebnis (als Geistesblitz) ins Bewusstsein treten. Irgendwann ist die Unsicherheit beendet, weil ich auf allen drei Ebenen weiß, dass ich weiß, dass ich weiß.

Das im Körper niedergelegte Wissen

In Anlehnung an Eugene T. Gendlin (Chicago), „Die umfassende Rolle des Körpergefühls im Denken und Sprechen", Dtsch. Z. Philos. 41 (1993) *

Logische Unterscheidungen, Worte, Begriffe, Regeln, Kategorien, Formen, Strukturen ... decken das, was sie bezeichnen, nie vollständig ab. Es gibt immer etwas, was über einen verwendeten Begriff hinausgeht, eine kleine Abweichung von dem, was man mit ihm ausdrücken will. Wir haben gelernt, diese vage empfundene Abweichung für belanglos zu halten, vermuten jenseits unserer festen Sätze auch nur Chaos, ein Universum voll unstrukturierter Wirklichkeiten, die nicht unterzubringen sind in den mit Mühe aufgebauten Strukturen unserer Denkwelt.

Das zunächst nur vage Gefühlte einer Abweichung, dies schwer zu Fassende, ist aber bei näherer Betrachtung erstaunlicherweise gar nicht chaotisch, sondern außerst konkret und präzise und führt Schritt für Schritt weiter in ein aufregendes Begreifen von Zusammenhängen immer höherer (umfassenderer) Ordnungen.

*** zum Teil wörtlich, zum Teil sinngemäß zitiert. Die wörtlichen Zitate sind der leichteren Lesbarkeit wegen gegenüber den sinngemäßen nicht gekennzeichnet.**

Für ein solches Denken, dass über die bekannten Begrifflichkeiten hinausgeht, spielt der Leib eine entscheidende Rolle.

Man sieht zum Beispiel jemanden auf der Straße und weiß: „Diese Person kenne ich." Man weiß aber nicht, woher. Gleichzeitig ist man sich sicher, dass man diesen Menschen nicht mag. Weiß aber wieder nicht, weshalb. Schließlich fällt es einem ein, und man muss zugeben, dass der Körper es eher wusste als der Verstand. Im Körper war das bisherige Erleben mit dieser Person „eingefaltet", impliziert. Und es ließ sich „ausfalten". Wie geschah das? Durch die Beachtung eines zunächst dunklen, vagen Körpergefühls.

Wer derartige Erfahrungen macht, beginnt jenseits dessen, was er definitiv weiß oder wissen könnte, einen Reichtum zu wittern. Er achtet zunehmend auf das im Körper niedergelegte Wissen, von dem man uns nie beigebracht hat, es könnte wichtig sein. Was sich dem Aufmerksamen nach und nach erschließt, ist auf eine anspruchsvolle Weise konkret, exakt und bedeutsam.

In vielen wichtigen Prozessen geht es infolge dessen nicht allein ums Wissen oder Machen, sondern ums Zulassen, Warten, Empfangen. Die Dinge *kommen*. Worte zum Beispiel kommen oder sie fehlen uns. Wenn sie nicht kommen, können wir nur warten.

Dieses Warten, dass etwas *kommt,* ist charakteristisch für den Leib. Der Appetit kommt, der Orgasmus, das Weinen, das Lachen, der Schlaf. Man kann Freude oder Zorn vortäuschen, aber damit man diese Emotionen hat, müssen sie kommen. Ebenso kommt die Muse, wann sie will und nicht anders. Neue Ideen, Schritte in einer Therapie kommen. Und auch Aha-Erkenntnisse ... kommen.

Zum Beispiel Henrik

Es empfielt sich, Aha-Erkenntnisse, die ein Aufatmen erlauben, zu notieren, ja geradezu zu sammeln. Wie das nachfolgende Beispiel zeigt, besteht andernfalls die Gefahr, wieder zu vergessen, was einem klar geworden ist, sobald es einem besser geht, und dann behält der Bibelvers Recht: „Dem Gerechten muss das Licht immer wieder aufgehen“ (Ps. 97, 11).

Henrik, ein Freund, kam zu mir in die Seelsorge. Ihm ging es nicht gut. Wir sprachen lange. Als es ihm wieder besser ging, beendeten wir unser Gespräch. Es reichte uns, dass es ihm besser ging. Eine bestimmte Hürde im Rahmen seines Problems war offenbar genommen.

Aber welche genau? Das fragte er sich gar nicht. Auch ich war damals noch nicht so weit, bewusst auf den Inhalt seiner oder meiner kostbaren Aha-Erlebnisse zu achten. Mir genügte das Aufatmen.

Heute weiß ich, das ist, wie wenn man einen Geldschein aus Nachlässigkeit in den Abfalleimer fallen lässt. Oder beim Schreiben per Computer das mit Mühe erstellte Dokument zu speichern versäumt.

Die Lösungen unserer Konfikte fallen uns am Ende langwieriger Denk- und Geburtsprozesse sozusagen in den Schoß. Typisch ist dann das Aufatmen und ein Gefühl von Evidenz: Man sagt: „Ich sehe ... “

Und so ist es! Man sieht die Dinge neu und anders, sieht sie richtiger. Die Erleichterung bekommen wir in dem Fall dann meist mit. Den Punkt der Einwilligung und was dabei klar wurde, darauf achten wir – welch eine Vergeudung – weniger oder gar nicht.

Genauigkeit bringts

Ich bin viel mit dem Zug unterwegs und fühle mich in letzter Zeit zunehmend gestört durch Leute, die neben mir laut und ohne Ende telefonieren oder durch Jugendliche, die über Köpfhörer ihre Musik so aufdrehen, dass man sie als Fahrgast neben ihnen auch ohne Kopfhörer mithören kann. Als ich neulich meinem Unmut nachspürte, war da wieder einmal ein starker Drang weg zu gehen, das Abteil zu wechseln, der Wunsch, aufzubrausen, Unruhe im Körper. Diesmal wollte ich es genauer wissen.

Ich blieb sitzen und nahm wahr, wie der Neid-Ärger stichelte: Andere machen sich rücksichtslos breit und nehmen sich einfach heraus, was ich mir niemals herausnehmen würde („ich Arme“). Da saß der Gift-Stachel: Andere dürfen ... , ich muss (brav sein). Garantiert seit meiner Kindheit. Sehr versteckt! Und peinlich, wie ich finde, kleinlich, denn mein Selbstbild verlangt Großzügigkeit!

Den Anlass zu nutzen, um meinen Neid zu fassen zu bekommen, bedeutet nicht, dass ich mich nicht auch wehren oder das Abteil verlassen dürfte. Wenn zuvor das Gift bei mir raus ist, hat das aber eine andere Qualität. Mich zu wehren und anderen Grenzen zu setzen, gelingt mir jetzt zu meiner eigenen Überraschung gleichzeitig effektiv und freundlich, und mein Auftreten hat Autorität.

Manchmal erfolgt die Umkehr – in dem Fall von der Feindseligkeit zum Gönnen – wie ein schnelles Aufräumen in der Wohnung, wo man mit ein paar Handgriffen die Dinge an ihren Platz stellt.

Im Fahrwasser eingefleischter Abwehrmechanismen automatisch böse zu werden, das sehen die meisten Menschen, vor allem bei einem Anlass, der wirklich unangenehm ist, als völlig normal an. Ich gebe zu, dass ich zu diesen Menschen gehöre. Erst ganz langsam lerne ich es, mich zu prüfen, b e v o r ich überreagiere. Ich habe inzwischen eingesehen, dass es nicht normal sein kann, „böse“ zu werden, vor allem nicht, bevor ich den eigentlichen Grund kenne, nicht weiß, was die Sache, die mich ärgert, mit mir selbst zu tun hat. Mir wird im eigenen Interesse allmählich selbstverständlich, „den Balken im eigenen Auge“ *zuerst* zu entfernen. Wenn das geschehen ist, dann wird nicht nur meine Reaktion, sondern auch meine Sprache eine andere, dann spreche *ich,* nicht mehr mein Abwehrmechanismus.

Abwehrmechanismen sind wie Personen

In den Heilungsprozessen, von denen hier die Rede ist, kommt es darauf an, Personteile („Komplexe“), die sich verselbständigt haben, wieder in die Gesamtperson zu integrieren.

Das kann gelingen, wenn ich mich freundlich dafür interessiere, was der abgespaltene Personteil wirklich will, welche Mangelerfahrungen oder Traumata es so schreiend dringlich gemacht haben, dass er sich abgespalten und verselbständigt hat.

Voller Erstaunen kann man dann erleben, dass es der aufgebrachte Teil gar nicht böse meint, sondern geradezu darauf wartet, verstanden zu werden, um das Übersteigerte, zu Absolute loslassen zu können, dieses „Um-jeden-Preis“, das Prioritäten vertauscht und aus dem legitimen Anliegen einen absoluten Anspruch macht.

Indem ich freundlich und wohlwollend mit mir selbst umgehe, den Teil von mir zu v e r s t e h e n suche, der feige ist, mürrisch, Angst hat, sich empört, lässt sich, wie im Umgang mit anderen Menschen, so auch im Umgang mit mir selbst, „das Böse durch das Gute überwinden".

Wie das in der Seelsorge praktisch geschehen kann, beschreibt A. Wittemann in: *Die Intelligenz der Psyche*, München 2000 oder Fritz Perls *in Gestalttherapie in Aktion,* Ernst Klett Verlag Stuttgart, 1974. – Eine weitere Therapieform, die mit den Ratsuchenden eine behutsame Genauigkeit der Selbstwahrnehmung trainiert, vor allem auch die Körperwahrnehmung einbezieht, ist das Focusing. Aufbauend auf den Forschungen Carl Rogers und E. T. Gendlins geht es beim *Focusing* um ein Einkreisen des wunden Punktes und alles dessen, was in seiner Umgebung bereits an Verzweiflung steckt.

Focusing als Therapiemethode setzt auch genau darauf, dass hinter den Unarten oder Symptomen unserer Psyche verstehbare Absichten stecken, denen man begegnet, indem man „dem negativen Gefühl freundlich Gesellschaft leistet". So nennt das Ann Weiser Cornell in ihrem Büchlein: *Focusing, Der Stimme des Körpers folgen*, Reinbeck bei Hamburg, 1997.

Ausdrücklich hingewiesen sei auch auf: Peter Lincoln, *Wie der Glaube zum Körper findet*, ein Focusing-Lehrbuch mit Übungen und beiliegender CD, Neukirchen-Vluyn 2007. Es handelt sich um eine Einführung ins Focusing unter Berücksichtigung biblischen Glaubens. (Der Autor bietet auch eine Ausbildung für seelsorgerlich tätige Laien an.)

Mit anderen Worten: Automatische Abwehrmechanismen treten auf wie Personen mit eigenem Willen, eigenen Emotionen, einer eigenen Art zu handeln und zu sprechen. Sie gehen hervor aus einer seelischen Wunde, und mit blinder Borniertheit wollen sie uns vor weiteren Verwundungen schützen.

Wegen der inhaltlichen Berechtigung ihrer Anliegen muss man sie ernst nehmen, wegen der Absolutheit ihrer Forderung im Auge behalten.

Noch Fragen?

Ja, du entfaltest in den vorangegangenen Kapiteln die These, dass der „Alles-nur-das-nicht"-Satz der Angst wegen seiner Absolutheit Prioritäten vertauscht und willkommenes Instrument in der Hand des Durcheinaderbringers ist. Ist es bibelgemäß, genau darauf einen Hauptakzent zu legen? Dass es logisch ist und den Erfahrungen entspricht, kann man ja nicht leugnen.

Ja, es ist vor allem das erste der zehn Gebote, keine anderen Götter neben Gott zu haben (2. Mo 20,2), was den eigentlichen Ernst ausmacht, der hinter der Fahndung nach diesen Festlegungen steckt. Aber auch das, was die Bibel über das Weizenkorn sagt, das keine Frucht bringt, es sei denn, es stirbt (Joh 12,24) oder über die enge Pforte (Mt 7,13) oder das Nadelöhr (Mt 19,24), das es auf dem Weg ins Himmelreich zu passieren gilt. Am deutlichsten aber zeigt vielleicht die Abraham-Isaak-Geschichte (1. Mo 22), dass ausnahmslos alles von Gott geprüft werden kann, sogar die Liebe zum eigenen Kind. Und auch hier kommt die „Auferstehung" nach bestandener Prüfung.

Bestätigend in dem Sinne ist übrigens auch der für mich ergreifende Titel des Andachtsbuches von Oswald Chambers: „Mein Äußerstes für Sein Höchstes."

Ist dein Hauptanliegen mit diesem Buch, dass Gott die Ehre bekommt, die ihm gebührt?

Nein, ehrlich gesagt nicht. Meine Frage an das Leben, an Gott, war über Jahrzehnte schlimmster Krisen: Wie können wir leben? Wie kann man denn bloß leben?

Würdest du sagen, dass es nur für Gläubige zutrifft, was du hier darlegst?

Nein, natürlich nicht.

Aber du schreibst für Gläubige?

Ja, in erster Linie. Gläubige sind gewohnt, mit Schuld zum Kreuz zu gehen. Der Wendepunkt der Kapitulation wirft sie nicht ins Nichts.

Was du bisher darlegst, klingt, als ob der Aufwand langjähriger Psychotherapien vielleicht nicht immer unbedingt nötig wäre.

Doch, psychische Zusammenhänge können äußerst verwickelt sein, so dass es oft durchaus psychotherapeutischer Kunst und Mühe bedarf, bis es zu einem Aufatmen kommt. Allerdings kann man auch viel selbst und in Eigenverantwortung in Angriff nehmen oder in einer guten Zweierschaft.

Reinzuleuchten in eine a k t u e l l e Unzufriedenheit, sie zum Anlass zu nehmen, um ein c h r o n i s c h e s Murren genauer zu verstehen, das aus einer alten Wunde fließt, scheint immer therapeutisch zu sein. Ich habe gute Erfahrungen damit, mich des Arbeitsbogens zu bedienen, der auf Seite 57 zu finden ist, und den ich am besten gleich 50 mal zu fotokopieren empfehle. Ich benutze ihn beständig, um einer aktuellen Unzufriedenheit, die sich nicht von selbst verflüchtigt, auf den Grund zu gehen.

Allein?

Ja, meist allein, aber auch in Gruppen und sehr gern auch in einer Zweierschaft. Nennen würde ich das dann aber nicht Psychotherapie, sondern eher Psychohygiene oder Gewissenserforschung.

Sind die unverdauten Erlebnisse und was daraus resultiert nicht oft sehr verwickelt? Und ist die Auflösung meist nicht langwierig? Und ist nicht jeder Fall anders?

Ja, manches dauert lange, vielleicht das ganze Leben lang. Und jeder Fall ist tatsächlich anders.

Der Zugang über eine aktuelle Unzufriedenheit, wie es bei dem erwähnten Arbeitsbogen geschieht, ist aber offenbar das, was eine Verknotung am richtigen Ende anfasst. Über diesen Einstieg können Bedrükung, Wut oder Angst weiter verfolgt und schließlich als das gesehen werden, was sie sind: Eine Bagatelle, ein Irrtum oder ein Schmerz, der in eine gute Trauer führt (vom „Trauern der Welt" zum „gottgemäßen" Trauern). Oder ein Dünkel, eine Anmaßung, wovon man gar nichts wusste und die man auch nicht will und nun loslassen kann.

Vieles wird, wenn man reinleuchtet, korrigierbar. Und zwar eins nach dem anderen, unverkrampft in der Reihenfolge, in der die Dinge von sich aus an die Oberfläche drängen, eine Unzufriedenheit nach der anderen.

Du siehst da offenbar eine Möglichkeit, mit relativ geringem Aufwand relativ viel für die Psyche zu erreichen?

Ja, genau. Eine aktuelle Enttäuschung, besonders wenn sie in eine alte Kerbe schlägt, macht uns „böse", aktiv böse (aggressiv) oder passiv böse (verstockt). Die Folge ist das Gefühl eines Staus, das Gefühl, in einer Sackgasse festzustecken. Jetzt, in dieser Ratlosigkeit, wird man fragend und hörend vor Gott. Das ist schon die eigentliche Umkehr von der Granithärte eines eingefleischten Alles-nur-das-nicht-Schwures. Dies Fragen beweist die Bereitschaft zum *Ja* auch zur schmerzhaften Wirklichkeit einer konkreten Enttäuschung.

Damit passiert man die Schwelle in einen größeren Zusammenhang. Neue Möglichkeiten kommen in den Blick. Das Leben geht weiter, man atmet auf.

Die Enttäuschung ist irgendwann verdaut, die Blockade überwunden. Man hat etwas gelernt, je tiefer die Krise war, um so gründlicher, und man dankt am Ende zu seiner eigenen Verwunderung für alles, was schlimm war.

Man weiß jetzt: Schmerz, Angst und Scham auszuhalten mag schlimm sein. Aber die generelle, automatische Schmerz-, Scham und Angstabwehr, die uns so sehr in Fleisch und Blut ist, ist schlimmer. Sie ist ein riesiges Verlustgeschäft.

Teil II
Wieso ich mir so sicher bin

Die Vorgeschichte

Schon als Kind, im Umgang mit meinen Schwestern, beginnt eigentlich meine psychologische Tüftlerkarriere. Denn nach einem Streit konnten wir hin und wieder durch Gespräche herausfinden, was da gerade gelaufen war, und was wir *eigentlich* wollten. Das waren lichtvolle Höhepunkte in einer lichtlosen Nachkriegs-Kindheit.

Später, als Teenager, merkte ich und merkte es mir, dass ich in Teufels Küche kam, wenn mir, wie ich das damals nannte, etwas *nicht egal genug* war: Im Zusammenhang mit einer Verliebtheit, bei Prüfungen, bei Elternabenden, Theaterspielen, später war es das Abitur, das Studium, die Abschluss-Noten. Wenn ich zu sehr fieberte nach einem Ziel, lieferte mich das an Angst oder Verzweiflung aus.

Nach dem Studium, bei der therapeutischen Arbeit als Psychologin wurde mir klar: Menschen, die mir zuerst böse, zerstörerisch, ungeschickt, verantwortungslos erschienen waren, hatten, das sah ich, wenn ich mir Zeit für sie nahm, dahinter verstehbare und keinesfalls böse Absichten. Ich hörte damals damit auf, Menschen in gut und böse zu unterteilen.

In meiner Ehe dann, die ich mit den allerbesten Absichten eingegangen war, kam mir friedliches Zusammenleben wieder sehr kompliziert vor. Insbesondere sah es für mich so aus, als hätte ich in

Auseinandersetzungen nur die Wahl zwischen zwei Sünden: Feindseligkeit oder Heuchelei. Feindselige Klarstellungen vertrug mein Mann nicht. Es funktionierte leider nicht wie in meiner Kindheit, dass man sich *hinterher* verständigte, was man eigentlich wollte, sondern der Kontakt brach ab. Und ich saß allein auf meiner Irritation und der Frage: Woran lag das Dilemma denn bloß? Und wer war daran schuld?

Ich begann mir deshalb in Tagebüchern Rechenschaft zu geben über meine Motive, über das, was ich wirklich wollte, wenn ich feindselig wirkte oder war. Das dann freundlich zu vermitteln, gelang mir aber auch nicht. Dazu war ich viel zu aufgebracht.

Schließlich gab es eine Erkenntnis, die zu einer Wende im Geschehen führte und zumindest mir ein großes Aufatmen brachte. Ich sah, dass ich in Konflikten böse wurde, um mir Schmerzen zu ersparen.

Ab da konnte mich nichts mehr halten, mich wie ein Kriminalkommissar in einem Krimi, der den Mörder sucht, dafür zu interessieren, *welcher Schmerz* das denn nur jeweils sein konnte, dessen Vermeidung mir so unendlich viele Schmerzen machte.

Der detektivische Beginn

Ende der achtziger Jahre, es war in Bodenrod im Taunus, hörte ich einen Vortrag über den Zusammenhang zwischen Abwehrmechanismen (Verdrängung, Verleugnung, Projektion...) und den allgemein bekannten Haltungssünden wie Neid, Eifersucht, Feigheit, Lüge, Hochmut, Habsucht, Schadenfreude, Geiz, Feindschaft... Beides, hieß es in dem Vortrag, Abwehrmechanismen und Haltungssünden, böten sich an als Schutz vor unwillkommenen Gefühlen.

An diesem Vormittag, die Fenster waren geöffnet, die Vorhänge bewegten sich leicht, der Hörsaal war von Sonnenlicht durchflutet, wurde ich sehr hellhörig. Die Abwehrmechanismen, einer der Hauptbegriffe der Psychoanalyse seit Freud, waren für mich immer eine Art heilige Kuh gewesen, der prosaische Zugang zum geheimnisvollen Bodensatz unserer Psyche. Ein Thema, das Scharen von Wissenschaftlern herausgefordert hatte, schwer lesbare Bücher zu schreiben und einen Berufsstand zu begründen, der fast priesterlich anmutete: Eine Art Priesterschaft mit heiligen Schriften.

Unter Haltungssünden dagegen konnte ich mir mehr vorstellen. Der Begriff war mir näher. Um sie zu studieren, musste ich nicht weit gehen, damit kämpfte ich selbst. Auch konnte ich mich da nicht ganz so leicht mit dem Unbewussten herausreden.

An diesem Vormittag sah ich jedenfalls, dass auch die Haltungssünden nichts anderes sind als Abwehrmechanismen. In beiden Fällen nimmt man Sünde in Kauf, um Leid abzuwehren.

Ich erfasste plötzlich, was das hieß. Man hatte eine Wahl und wählte die Sünde. Kam so das Elend in die Welt? Ließ ich mich kaufen? – Der Redner war noch bei der Tiefenpsychologie, einer wissenschaftlichen Disziplin, in der es den Begriff *Sünde* gar nicht gibt.

Aber ganz gleich, welcher Terminologie man sich bediente, an meiner bewussten Entscheidung vorbei sollten, so dachte ich, weder Sünden noch Abwehrmechanismen herrschen. Wenigstens wollte ich im Einzelfall wissen, welches „unerwünschte Gefühl" oder welchen Schmerz ich mir mit Hilfe von Sünde zu ersparen versuchte. Vielleicht hatte ich dann wieder eine Wahl, wo bei mir bislang Automatismen am Werk waren. – Dieser Gedanke war kein frommer Gedanke, sondern ein detektivischer.

Befreiung durch Aushalten

Ich machte ernst mit dieser Entscheidung und ging bei nächster Gelegenheit meiner Abneigung gegen Hausarbeit und meiner Gewohnheit, dabei in Selbstmitleid zu fallen, auf den Grund.

Wir machten zu der Zeit als Familie mit drei eigenen Söhnen, zwei davon noch schulpflichtig, in einem christlichen Rahmen (Teen Challenge, Freiburg) eine Arbeit mit psychisch kranken Jugendlichen. Eine Tätigkeit, in der ich hätte aufgehen sollen, wie ich dachte. Was ich aber erlebte, war eine Art Depression, oder genauer, eine lähmende Blockade in Bezug auf meine Pflichten in diesem Haus, die sich auch nach außen kaum noch verbergen ließ.

An einem Tag war es besonders schlimm. Abends sollte ein Fest stattfinden, die Haushälterin war krank, Bodo, mein Mann, hatte anderes zu tun, die Gäste anzuleiten war mir, auch wenn sie dann hätten helfen können, eher eine Mühe als ein Gewinn. Verzweifelt und empört blickte ich mich in der Küche um. Vor meinem inneren Auge lief ein Film ab von der Arbeit, die zu tun war und die auf mir allein lastete. Fragend vor Gott hielt ich diesem Film stand und nahm wahr, was er in mir auslöste: Wellen von Wut und Hass im Sinne von „Immer ich ... ". Ich verglich mich verzweifelt mit anderen, die es leichter hatten oder es sich gar, wie ich unterstellte, auf meine Kosten leicht machten.

Während ich in einer stillen Minute nach dem Schmerz fahndete, den ich offenbar nicht aushalten wollte, Hass, Wut, Selbstmitleid einfach nur wahrnahm, um sie zu verstehen, liefen mit einem Mal wie in einem Film, den man mit Übergeschwindigkeit ablaufen lässt, die Erinnerungen an die vergleichbaren Situationen meines Lebens vor mir ab. Dieser Film wurde von Körpersensationen begleitet, die sich anfühlten, als wären die Knüppel aus dem Märchen *Knüppel aus dem Sack* auf meinen Nacken und Rücken losgelassen. Ob das der über Jahre und Jahrzehnte aufgestaute und krampfhaft abgewehrte Schmerz war, der sich da auf einmal entlud?

Nach sehr kurzer Zeit, ich weiß nicht, ob der Spuk Sekunden oder Minuten dauerte, war alles vorbei, und ich war heiterster Stimmung. Das Fest vorzubereiten war kein Problem mehr.

Es wurde ein wirkliches Fest, bei dem sich eine ansteckende, wohltuende, geradezu übernatürliche Heiterkeit unter uns ausbreitete. Wir lachten, wie schon lange nicht mehr, wir tanzten, spielten und bedienten uns dabei einer schier unerschöpflichen Fülle von Einfällen.

Andere eindrucksvolle Erfahrungen hatte ich zuvor im Zusammenhang mit Eifersucht gemacht. Ich hatte erfahren, dass Eifersucht fast ins Uferlose eskalieren kann. Auch hier ermöglichte das Auffinden und Aushalten des Schmerzes vor Gott, die Eifersucht los zu werden. Denn wenn ich den Schmerz nicht mehr fürchte, vor dem sie schützen will, ist sie arbeitslos geworden und geht. In dem Fall war es der Schmerz der Demütigung, des peinlichen Gefühls, wertlos zu sein in den Augen desjenigen, auf dessen Liebe ich gebaut hatte.

Ein weiteres, für mich äußerst eindrucksvolles Beispiel dafür, dass sich die Parole, *lieber sündigen als leiden*, mit etwas Mut auch wieder umkehren lässt, hatte im Zusammenhang mit meiner Bekehrung bereits Jahre zuvor stattgefunden.

Mitte der siebziger Jahre in Düsseldorf, während eines Gottesdienstes, ich hatte gerade zu Gott zurückgefunden, der mir in einem Psychologiestudium abhanden gekommen war, und fühlte mich wie der verlorene Sohn, der nach Hause zurückkehrt und sich in den Armen des Vaters erholt. Da kam eine Anfrage an mein Herz: „Wärst du bereit, dich auch anderen gegenüber zu deinen neuen Erfahrungen mit Gott zu stellen? Zum Beispiel bei deinen Kollegen in der Pychologischen Beratungsstelle (wo ich tätig war)?“

Mir wurde heiß und kalt. Ich stellte mir vor, wie ich erzählen würde von meiner „Bekehrung“ in einer ausgedienten Lagerhalle auf einem Fabrikgelände in Düsseldorf-Bilk, unter ehemaligen Drogensüchtigen, Gangstern und Ausgeflippten und wie die Kollegen lachen und den Kopf schütteln würden. – Aber ein Zurück gab es ja nicht. Gott war mir in diesem Rahmen begegnet. Ihm war dieser Rahmen nicht zu gering. Wer war ich, dazu nicht stehen zu wollen!

Als ich mich entschloss, gegenüber meinen Kollegen ganz offen zu sein, was meine neuen Erfahrungen betraf, die vermeintliche „Peinlichkeit“ auf mich zu nehmen, fürchtete ich einen Moment lang, vor Scham zu vergehen. Für wenige Sekunden, höchstens Minuten, ging ich durch die Hölle. Dann atmete ich auf, und die Angst vor Blamage war verschwunden. Sie war im Feuer eines kurzen, heftigen Schmerzes verbrannt.

Später, in der Beratungsstelle, erzählte ich auch das: „Als ich dem Gedanken, vor Scham zu vergehen, zugestimmt hatte, verging in Wirklichkeit nicht ich, sondern die Scham.“ – Seither kann ich über meinen Glauben unbefangen sprechen.

Alle drei Beispiele haben gemeinsam das Einwilligen in einen konkreten Schmerz im Sinne von „lieber leiden als sündigen“, sowie den überraschend guten Ausgang. Wenn auch der Durchbruch in die Freiheit in einem Fall eine Sache von Minuten war (die Befreiungserfahrung in der Küche von Teen Challenge) und im andern (im Fall von Eifersucht) Jahre dauerte.

Das Muster wird sichtbar

Dies und einiges andere, besonders meine eigenen Überreaktionen bestärkten mich in meiner Bodenrod-Entscheidung, psychische Prozesse, den Durchgang durch Angst, Wut, Verzweiflung bis zur Auflösung der „Komplexe“, immer wieder zu studieren.

In unserer seelsorgerlichen Arbeit sowie auch in meinem privaten Leben wurde es die höchste Zeit, Gereiztheit und aufbrausende Reaktionen in den Griff zu bekommen. Eine Freundin zeichnete mich in einer Karikatur als Xantippe, darunter schrieb sie: „Hanne Barsch, aber sie meint es nicht so.“ Daniel, unser Sohn, schlug manchmal, und das war nur zur Hälfte scherzhaft gemeint, die Hände über dem Kopf zusammen und flehte: „Furie, eléison.“

„Komplex“ oder Faktum?

Ich unterschied jetzt, wenn ich im Rahmen christlicher Psychologie über Haltungssünden lehrte, zwischen Fakten und Übeln.

Menschen erleben die Dinge unterschiedlich. Für den einen ist ein Sachverhalt lediglich ein Faktum, mit dem man rational umgehen, Ratschläge geben oder auf Ratschläge hören kann. Beim anderen steckt – unsichtbar für Außenstehende – ein „Komplex“ dahinter.

Es geht in dem Fall nicht darum, dass der Betroffene falsch informiert ist und deshalb belehrt werden müsste, sondern dass ein inadäquates Gefühl von Druck und Verknotung zu seinem eigenen Leidwesen Vernunftgründen unzugänglich ist.

In dem Fall ist es wichtiger zu fragen: W a s ist für dich daran so schlimm? Und zu versuchen, das, was so schlimm zu sein scheint, mit der betroffenen Person zusammen zu sehen, das heißt das innere Bild zu finden, mit dem sie bei der Angst an der Angel hängt. W. Daim stellt fest (in Tiefenpsychologie und Erlösung, S. 174, Wien 1954): „Die Beschränkung ist immer eine durch ein inneres Bild gegebene, dem das Personzentrum verfallen ist.“ – Ich forschte unermüdlich, wie man es anstellen kann, an einen solchen Punkt heilsam heranzukommen, statt daran belehrend vorbei zu „seelsorgen“.

Aber auch das Umgekehrte konnte verhängnisvoll sein, zu glauben, man dürfe mit dem Gegenüber nicht Klartext reden und müsse ihn wie ein rohes Ei behandeln, und das auch dann, wenn es eine Empfindlichkeit diesem Thema gegenüber nur bei mir selbst gab.

Der Arbeitsbogen

Der Durchgang durch die Verarbeitungsprozesse an einem wunden Punkt wäre nicht so schwierig, wenn sich

e r s t e n s der Gegenstand, den es aufzufinden gilt, mein DAS = die übelgenommene Differenz zwischen Anspruch und Realität, nicht so verstecken würde, und wenn

z w e i t e n s, für die fällige und erlösende „Alles-auch-DAS"-Entscheidung ein Lippenbekenntnis ausreichend wäre.

Weil dem aber nicht so ist, dürfte der nachfolgende Arbeitsbogen für die Seelsorge eine wirkliche Hilfe sein.

Bei seiner Benutzung (bei Frage 1) von einer aktuellen Unzufriedenheit auszugehen, garantiert, dass man sich nicht überfordert mit Prozessen, die noch nicht reif sind für eine Bearbeitung.

Entsprechend der Fragen des Arbeitsbogens spüre ich zuerst dem nach, was mich aktuell enttäuscht, WAS genau. Ich fixiere die Fixierung, knöpfe sie mir vor, steige ein in einen – mal belangloseren, mal bedeutsameren – Prozess, der meine Neugier braucht, um nicht zu versanden, sich aber von einem bestimmten Punkt an fast wie von selbst in Richtung Lösung fortbewegt.

Wenn man den Punkt der Kapitulation überschritten hat, diesen Wendepunkt im Geschehen, verwandeln sich Unruhe, Niedergeschlagenheit oder Angst in eine warme Trauer. Das darf der Traurige nicht missverstehen und einen neuen „Komplex" entstehen lassen, indem er über seine Traurigkeit verzeifelt, statt das Erlösende zu genießen. Weinen oder Wüten haben, wie hoffentlich jeder weiß, Aufatmen im Gefolge.

Wenn man den Arbeitsbogen einsetzen will, ist es wichtig, sich vorher mit Gottvertrauen zu wappnen. So wie in einem OP-Saal alles nicht nur sauber, sondern steril sein muss, ist es wichtig, diesen Durchgang positiv zu vollziehen, vertrauensvoll, frei von Beschönigung, frei davon, mit Wichtigtuerei zu liebäugeln usw., also mit reinen Motiven.

Wer einmal auf den Geschmack gekommen ist, wird erleben, dass auf die Weise eine innere Blockade nach der anderen schmilzt wie Eisblöcke an der Sonne schmelzen: langsam, aber sicher. Die innere Blindheit verschwindet. Irgendwann beginnt es Spaß zu machen. Detektivische Gelüste kommen hinzu.

Um bei anfänglicher Unlust gegenüber solchen Arbeitsbögen überhaupt auf den Geschmack kommen zu können, fängt man mit der Unlust an. 1. Gibt es etwas, womit ich unzufrieden bin? Ja, dass ich jetzt solch einen Arbeitsbogen durchgehen soll. 2. Steckt in meiner Unzufriedenheit Vorwurf? Ja. Welcher? ... Und schon ist man dabei, den Arbeitsbogen auszuprobieren. Wie anders soll man auf den Geschmack kommen?

Arbeitsbogen „wunder Punkt“

1. Gibt es etwas, womit ich unzufrieden bin?
(Bitte nachspüren, sich Zeit lassen.)

2. Steckt in meiner Unzufriedenheit Vorwurf?
(Gegen wen? Gegen eine andere Person, gegen mich selbst, gegen Gott, das Schicksal?)

3. Welcher?
(Welchen Satz müsste ich ehrlicherweise dieser Person sagen? Tu es in deiner Vorstellung. Sag ihr diesen Satz.)

4. Jetzt wechsle die Position. Lass die Person antworten. Was würde sie sagen?

5. Bitte zeichne (karikiere) mit Strichmännchen oder Worten die enttäuschende Realität sowie deinen Anspruch, mit dem du sie vergleichst:

a) die Realität

b) der Anspruch

6. Bitte, nimm dir Zeit und sprich in der Stille mit Gott darüber. **(Kennst du das Gefühl schon irgendwoher? Für was aus der Vergangenheit ist die aktuelle Enttäuschung evtl. stellvertretend?)**

7. Wie geht es dir jetzt? **(Was wurde durch die Übung klar? Möchtest du eine Entscheidung treffen?)**

Jesus, ich kann mich nicht mehr anstrengen und irgendwas zaubern, was ich nicht bin! Nimm mich doch so, wie ich grade bin, sonst hab ich keine Chance!

Das bin ich.
Kommst du damit klar?

Hunderte Anlässe, den „Bogen" zu benutzen

Jetzt war der obige Arbeitsbogen, nach vielem Ausprobieren und etlichen Vorgänger-Versionen, in seiner hier vorliegenden Form geboren. Vor allem das Skizzieren der beiden Bilder (Realität und Anspruch) kam irgendwann hinzu. Sie sind der Schlüssel zu dem Raum, in dem die übelgenommenen Abweichungen der Ansprüche hausen. Ich benutzte den Bogen vor allem selbst, probierte ihn immer wieder aus, und gab ihn auch weiter an andere.

Hier ein Beispiel das zeigt, wie sich eine halbe Stunde Nachdenken mit dem Bogen gestalten kann.

Beate sitzt im Sessel, den Bogen auf den Knien. Sie überlegt: Gibt es etwas, womit ich unzufrieden bin?

Ja, da ist mehreres. Eigentlich ein Wirrwar verschiedenster Themen. Sie sammelt sich, denkt nach, betet, dann notiert sie sieben verschiedene Anlässe für Unzufriedenheit:

Sie ist in der Erwachsenenbildung ihres Wohnortes tätig. Der Leiter hatte sie kürzlich einer Klasse vorgestellt mit den Worten: „Frau X. muss man kennen, sie gehört nicht zu denen, die ich als einen netten Menschen bezeichnen würde." Er hatte es nicht böse gemeint, ihren Start in der neuen Klasse aber erschwert.

Die zweite Unzufriedenheit, die sie notiert, besteht im Ärger über zwei Teilnehmerinnen, die im Unterricht nebeneinander gesessen und dauernd miteinander getuschelt hatten. Später gaben sie Beate über die Rückmelde-Bögen, mit denen sie den Unterricht bewerten sollten, schlechte Noten. „Verkehrte Welt", denkt Beate voller Groll, „früher haben die Lehrer die Schüler benotet und nicht umgekehrt".

Weiterhin liegt ihr im Magen, dass man sich im Sekretariat dieser Schule viel Zeit damit lässt, ihr Honorar zu überweisen.

Als viertes Ärgernis steht ihr der Sessel vor Augen, in dem sie sitzt, und dass dieser Sessel nicht so recht zu ihren anderen Polstermöbeln passt. War das ein Fehlkauf, grübelt sie?

Drei weitere Themen drehen sich um Probleme, mit denen sich ihre erwachsenen Kinder herumschlagen.

Als Beate so weit ist, sieht sie sich selbst wie mit einer Art Schale, in der sieben harte Brocken von unterschiedlicher Größe liegen. Sie hält diese Schale mit den Brocken, die jetzt schon einmal benannt, sozusagen etikettiert sind, Gott hin und überlegt: Soll ich jetzt einen der sieben Punkte nach dem andern mit dem Bogen bearbeiten? Mit dem aufdringlichsten anfangen?

Aber eigentlich unzufrieden ist sie jetzt über die Vielzahl der Anlässe für ihre Unzufriedenheit. Sie hat die Vorstellung, sich auf einem Minenfeld zu bewegen. Dafür benutzt sie jetzt den Bogen.

Ihr Vorwurf (Punkt 3 des Bogens) geht an Gott. Bei der Skizze von Anspruch und Realität (Punkt 5) skizziert sie als „Realität“ das Minenfeld, dem als Anspruch eine Blumenwiese gegenübersteht, ein Weg durch grüne Auen. Was sie von Gott will (Punkt 6 des Bogens): Sie hätte es gern leichter. Als sie das in einem Gebet sagt, muss sie etwas lachen.

Eine Weile trödelt sie noch herum, tut ziellos dies und jenes. Dann sagt sie *Ja* zu einem Gedanken, der ihr kommt: „Ja, ich bin hier auf Erden, nicht im Paradies.“

Sie legt den Arbeitsbogen aus der Hand, sie will jetzt erst einmal einkaufen gehn. Sie braucht Zutaten für ... Das heißt, der praktische Alltag hat sie wieder.

Und was war der Nutzen? Eine größere Bewusstheit. Die Dinge liegen auf dem Tisch. Jetzt kann sie sich oder Gott fragen: Wie soll es weitergehn. Im Hören auf Gott und auf ihr Herz kann sie wieder leben. Das Leben (in dem Fall der Wunsch einzukaufen) kommt wieder in Gang.

Eine Variante für Kinder

Eine Variante dieses Arbeits-Bogens für Kinder beinhaltet auch das Prinzip der bewussteren Wahrnehmung dessen, was weh tut. Es handelt sich um meine Idee, unseren damals zwölf und fünfzehnjährigen Söhnen vorzuschlagen, „Übel zu malen“.

Sie bekamen Geld (5 DM damals), wenn sie in einem Konfliktfall mit uns, ihren Eltern, auf einem großen Blatt dreierlei festhielten: Ihren Vorwurf und dessen Anlass (möglichst als Skizze) und ihren Anspruch (umformuliert als Bitte). Anfangs haben sie sich des Geldes wegen darauf eingelassen, heute, rückblickend, sind sie für dieses Training an Selbstwahrnehmung dankbar, es habe Gutes in ihrem Leben bewirkt. Als ich den jetzt erwachsenen Sohn Daniel fragte, ob ich hier eins seiner Bilder abdrucken darf, sagt er ohne Zögern: „Sind doch deine, hast du doch bezahlt."

Abb. 4: Daniel, 15,
eins von etlichen seiner 1994 „gemalten Übel":

Anlass: *Schimpfe am Vortag, für nächtliches Heimkommen*
Vorwurf: *Mutters Ausfragen!* Bitte: *Vertraue mir. dass ich selber weiß, was für mich gut ist und was nicht. Ich möchte gern frei sein. Und auch länger weg sein.*

Der Wendepunkt zum Wohlbefinden ist auch hier der, wenn das Kind den Groll loslassen kann, weil es in dem, was weh tut, verstanden worden ist.

Zwischenbilanz

Florian (25) kommt rein: Über was schreibst du eigentlich?

(Ich erkläre es ihm. Es dauert fünfzehn Minuten. Und meine Antwort passt auf ein A4-Blatt.)

Florian: Warum ein Buch?

Ich selbst habe x Jahre lang in x Tagebüchern meine Aha-Erlebnisse sammeln müssen, bis ich wusste, was ich jetzt auf ein A4-Blatt bringen kann.

Florian: Und worauf kommt es dir an?

Okay, zum Beispiel Walter, du kennst doch Walter? Er hatte ein Magenproblem und deshalb schlechte Laune. Da fiel ihm ein, dass ihm das Magenproblem eigentlich reichte, auf die schlechte Laune konnte er verzichten. Ich wurde hellhörig.

Die schlechte Laune anlässlich seines Magenproblems war, wie er sagte, nur ein Zeichen davon, dass er sich „mit dem Magenproblem identifiziere." Und in der Tat, er konnte umschalten zu seiner „Identität IN IHM", wie er sich ausdrückte. Weil das bereits eingeübt war, gelang ihm das. Jetzt hatte er zwar noch das Magenproblem, aber die schlechte Laune verschwand.

Florian: Und? Ist das gemeint, wie in dem bekannten Gebet: „Herr, schenke mir den Mut zu ändern, was ich ändern kann, die Gelassenheit zu ertragen, was ich nicht ändern kann und die Weisheit, das eine vom anderen zu unterscheiden"?

Ja, wenn ich ändere, was ich ändern kann und zu ertragen bereit bin, was ich nicht ändern kann, erübrigt sich die schlechte Laune.

Florian: Ich dachte, du schreibst über Schmerz?

Ja, es kann weh tun, wenn ich ertrage, was ich nicht ändern kann.

Florian: Also Schmerz statt schlechter Laune? So groß ist der Unterschied aber nicht, oder?

Der Unterschied besteht darin, dass zugelassener, gefühlter Schmerz nicht umsonst gelitten ist. Bewusst wahrgenommener Schmerz verschmerzt sich. Schlechte Laune, murren, grollen, Vorwürfe, negative Haltungen, Schmerzabwehrmechanismen, wie du willst, verhindern das Verschmerzen. Sie sind laut Billheimer, Frankl, Daim, Laing ... „vergeudetes Leid".

Florian: Ich verstehe. Das Gebet heißt ja nicht: „Herr, schenke mir den Mut zu ändern, was ich ändern kann und die Fähigkeit, aus meinem Bewusstsein auszublenden, was ich nicht ertragen will."

Das ist es, was ich beleuchten möchte.

Florian: Warum? Zu was ist das gut? Blendet nicht jeder aus, was er weder ändern kann, noch ertragen will?

Ja, aber das hat seinen Preis. Man tut das auf die Dauer nicht ungestraft. Es kommt zu Verbiegungen im Charakter oder zu Krisen. In Krisen tritt – bestenfalls – klarer ins Bewusstsein, was wir daraus verbannt hatten, nicht wahrhaben wollten. Und das ist gut so, denn andernfalls ....

Florian ist schon längst weg, als ich den tragischen Schaden, die himmelschreiende Verstümmelung, zu der es kommen kann, in einem Bild vor mir sehe: Ein Pflaumenbaum mit nur einem Ast. Die anderen Äste sind nach und nach abgestorben. Sie sind vertrocknet, abgebrochen und schließlich säuberlich abgesägt worden. Der eine übriggebliebene Ast bringt pro Jahr einen Ertrag von zwei, drei Pflaumen, große, schöne Eierpflaumen, völlig wurmig.

Florian (wieder da): Und für wen schreibst du?

Ich schreibe für den, der bestimmte Verletzungen nicht mehr wegstecken kann, aber auch noch nicht ertragen will oder kann. Und nach dem Sinn fragt, den das Ganze hat.

Florian: Und diesen Sinn willst du zeigen?

Ja, ich bin jedenfalls davon überzeugt, dass sich die Enttäuschung im Kern eines wunden Punktes verschmerzen lässt und dass sich jedesmal, wenn das geschieht, die Grenzen erweitern, innerhalb derer wir zufrieden und guter Dinge sein können.

Florian: Und wozu der „Arbeitsbogen"?

Der hilft, den Alles-nur-das-nicht-Schwur zu entlarven und den Schmerzpunkt bloßzulegen.

Florian: Und dann?

Dann gibt es zwei Möglichkeiten, entweder ich lasse meinen Schwur zugunsten einer Alles-auch-das-Entscheidung gegenüber Gott los. Dann atme ich auf. Die Angst rutscht ab an dieser Haltung. Oder der Mut reicht nicht, ich kann in dem Fall nicht lolassen, woran mein Herz so unbedingt festhalten will. Dann greift das Prinzip des doppelten Bekennens: 1: Die Sache beim Namen nennen, vor allem jede Sünde hat einen Namen. 2. Bekennen, dass ich mich davon nicht selbst erlösen kann. Auch in dem Fall bin ich frei.

Denn auch jetzt verlässt mich die Angst. An die Stelle tritt das *Harren auf den Herrn*, das... (Florian ist schon wieder weg.) Also weiter im Text...

Die fünf Sterbestufen

Elisabeth Kübler-Ross gebührt das Verdienst, fünf Phasen gefunden und benannt zu haben, die ein Sterbender durchlebt, bis er seinen Widerstand gegen das Sterben aufgibt, was, wenn es gelingt, Wohlbefinden bedeutet.

Stufe eins ist das Nichtwahrhabenwollen. Der Patient macht sich Illusionen. Er denkt, die unheilvolle Diagnose sei ein Irrtum usw.

Stufe zwei: Wenn er realisiert, dass es ernst wird, bäumt er sich auf. Die Phase des Zorns.

Stufe drei: Indem er nach und nach die Nutzlosigkeit seines Aufbäumens begreift, beginnt er mit dem Schicksal zu verhandeln. Er gelobt, sich zu ändern, falls diese Sache noch einmal gut ausgehen sollte usw.

Stufe vier: Wenn auch das nichts hilft, fällt er in Depression.

Stufe fünf: Auch die Depression ist nicht das Letzte. Irgendwann hört der Patient auf, sich zu wehren, er ergibt sich ins Unabänderliche. Und nun, das ist das Erstaunliche, geht es ihm gut. Er fühlt sich wohl, ob er nun stirbt oder nicht.*

---

* E. Kübler-Ross, Interviews mit Sterbenden, Stuttgart 1977

Als ich von diesen Forschungen zum ersten Mal hörte, habe ich zu Gott gehofft, in meinem Leben eine solche Befreiung auf der ganzen Linie nicht erst auf dem Sterbebett zu erleben.

Kurz darauf begegnete mir ein Buch, in dem die von Kübler-Ross beschriebenen Sterbestufen auf seelische Verletzungen aller Art bezogen werden: Linn und Linn SJ, Beschädigtes Leben heilen, Graz - Wien – Köln 1981)

Die Brüder Linn zeigen in ihrem Buch, dass sich bei seelischen Verletzungen, mit denen Betroffene zu kämpfen haben, die einzelnen Sterbestufen vom Nichtwahrhabenwollen bis zur Einwilligung, wie Kübler-Ross sie beschrieben hat, wiederfinden:

1. Nichtwahrhabenwollen
2. Zorn
3. Verhandeln
4. Depression
5. Zustimmung

Und auch hier kommt das Leid durch einen frustrierten Anspruch, das Wohlbefinden aber, wenn man sich Gott und der Realität, wie sie ist, ergibt. (Aber Vorsicht, nicht weil man das zu müssen glaubt, sonst ist wieder Angst im Spiel. Alles, was ich hier schreibe, funktioniert nur freiwillig und mit Gottes Hilfe.)

Würdigung der Idee einer Längsschnitt-Beobachtung der Gefühle und Affekte

Das Auffinden dieser fünf Sterbephasen durch Elisabeth Kübler-Ross und die Ergänzung der Brüder Linn, die darauf hinweisen, dass man auch schon vor seinem Tod mehr als genug Übungsmöglichkeiten zum Einwilligen und Loslassen bekommt, halte ich für eine Jahrhundertentdeckung.

Das Neue und Geniale ist die Längsschnittbetrachtung im Zusammenhang mit Emotionen und Affekten. Eins geht aus dem andern hervor, und alles hat ein Ziel. Dieses Ziel ist die Erlösung vom Ärger, von der Depression, der Resignation, der Verzicht auf Ansprüche im Sinne von Bedingungen an das Leben, und die überraschende Erfahrung von Wohlbefinden beim Loslassen.

Kübler-Ross hat auf wissenschaftlichem Niveau anstelle eines Sammelsuriums von Emotionen und Affekten, statt eines aufzählenden Nebeneinanders im Querschnitt, wie man das bisher von der Allgemeinen Psychologie gewohnt war, das Nacheinander bis hin zur Metamorphose am Ende gesehen und bekannt gemacht.

Zwar findet sich bereits in „Die Krankheit zum Tode" von Sören Kierkegaard (1813 – 1855) der dringende Rat, durch eine Verzweiflung ganz hindurch zu gehen („ganz und gar zu verzweifeln"). Aber ist das nicht etwas, das man erst jetzt, nach Bekanntwerden der fünf Sterbestufen, überhaupt versteht?

Auch bestimmte Aussagen Victor Frankls kann man hier jetzt sinnvoll einordnen.

Als ihm und seinen Kameraden im Konzentrationslager nach den ersten schlimmen Wochen klar war, dass sie nichts mehr zu verlieren hatten, weil es schlimmer nicht werden konnte, entstand zu ihrem eigenen Erstaunen unter ihnen eine Art Galgenhumor.*

Was kann das anderes gewesen sein als die Leichtigkeit und Freiheit der fünften Sterbestufe?

Der oben eingeführte Unzufriedenheits-Arbeitsbogen passt in diese Reihe. Er ist eine Art Werkzeug, eigene negative Gefühle überprüfbar zu machen und den Durchgang bis zum Aufatmen (die Erleichterung der fünften Stufe nach Kübler-Ross) gezielter und schneller zu erreichen.

Zweierlei Abweichungen

In unserem Leben wetteifern zweierlei Arten von Abweichungen um unsere Aufmerksamkeit: Achte ich vorrangig darauf, was mir mein mit Gott verbundenes Gewissen sagt, dann kann ich Schritt für Schritt mein Leben leben. Oder schiele ich mit heimlichem Groll auf das, was mir meiner Meinung nach zustehen würde, aber (vom Leben, von Gott, vom Partner ...) vorenthalten wird. Das als die heimliche Hauptsache meines Lebens vorrangig zu kontrollieren, ist die beste Methode, im eigenen Erleben Hölle zu haben.

Die in dieser Haltung nicht ausbleibenden „Übel" (als die übelgenommenen Differenzen zwischen Anspruch und Realität sind sie eigentlich Niemande im Niemandsland) können uns nach Lust und Laune quälen und spalten. – Licht allerdings, Bewusstsein, halten sie nicht aus.

---

* V. E. Frankl, *Trotzdem Ja zum Leben sagen, Ein Psychologe erlebt das Konzentrationslager*, München 1982, S. 34-35

Nach Victor Frankl bedeutet es eine Art kopernikanischer Wende im Seelenleben, wenn ich mich innerlich grundsätzlich umstelle von der Frage: „Was ist das Schicksal mir schuldig?“ zu der Frage: „Was bin ich dem Schicksal schuldig?“ Es ist die Wende vom Klagen über die *fehlenden* Möglichkeiten zum entschiedenen Nutzen der *verbleibenden.* Diese Wende ist in Notsituationen, in denen man nichts mehr zu verlieren hat, wie Frankl sie erlebte, sicher eher möglich als in guten Zeiten. Dennoch:

Je nachdem, *wie* der Mensch sein unabwendbares Schicksal auf sich nimmt, entscheidet darüber, ob er, wie Frankl es ausdrückt, „die im Leid liegenden Möglichkeiten verwirklicht oder verwirkt“.

Mein Alltag
oder: So können wir doch leben

Für meinem Alltag sehe ich inzwischen zwei Möglichkeiten: Entweder mein Leben ist im Fluss, das heißt, ich tu, was ich kann, gebe, was ich habe, genieße, was es gibt und sorge mich nicht. Oder ich verarbeite gerade etwas, was mir gegen den Strich geht. Mit der Frage an mich selbst, *was ist so schlimm* (oder *was wäre das Schlimmste),* bekomme ich meist zu fassen, welcher Anlass meinen Widerstand ausgelöst hat. Und wenn ich mir Zeit nehme und mein aufgebrachtes oder erschrockenes Herz sich von mir verstanden fühlt, lässt es seinen Widerstand los und fügt sich wieder ein in die Abläufe. Das Leben kommt erneut in Fluss.

Manchmal übernehme ich mich, „kriege zuviel“, Unzufriedenheit (oder ist es Verzweiflung?) kommt in meinen Gefühlen hoch wie eine Welle, die mich überfluten will. „Ich muss hier raus“, sage ich dann, irgendein Maß ist gerade voll. Wenn mich einer fragt: W a s ist dir zu viel? Sage ich: „A l l e s, alles ist mir zu viel, auch die Frage." Und gehe weg.

Glücklicherweise gibt es in der Nähe meiner Wohnung idyllische Möglichkeiten, einen Cappuccino zu trinken oder, wenn nötig, mich in den Zug zu setzen und einmal kurz ganz weit weg zu fahren.

Was ich damit sagen will: Ich passe gut auf mich auf, damit ich nicht zusammenbreche oder überschnappe. Ich tu also beides, ich suche Abstand, wenn mir alles zu viel wird, und lege die Lupe an, wenn mich etwas bedrückt.

Aber tut das nicht jeder? Tut nicht jeder beides – Abstand suchen im einen und die Lupe anlegen im anderen Fall?

Sicher weiß ich nur eins: Übelnehmen heißt, ETWAS um keinen Preis ertragen wollen. Und wenn ich herausfinde, was mein ETWAS ist, wie es sich anfühlt, wie es aussieht, bin ich einen Schritt weiter. Weil ich schon so oft die Lupe angelegt habe an mein jeweiliges ETWAS, und sich schon so oft Angst und Wut in Wohlgefallen aufgelöst haben, passiert mir das andere, dass mir alles zu viel wird, nicht mehr so oft.

Alles ist unser, und wir sind des Herrn

Wie wir sehen, tragen wir in unserem Alltag unter einer dünnen Bewusstseinsschicht einiges an noch nicht identifizierter Angst mit uns herum. Wir werden aus der Tiefe unserer Psyche motiviert von der Angst um das, dessen Verlust wir über alles fürchten oder vom Verlangen nach dem, was wir über alles begehren. Wir werden unruhig oder böse, wenn das Gefürchtete droht oder das Begehrte aus dem Blickfeld verschwindet.

Das kostbare Ergebnis von durchgestandenen Konflikten, ist eine größere Bewusstheit. Jedesmal, wenn ich vom automatischen Bewerten zum bewussten Verstehen komme, erweitert sich der eigene Horizont. Am Ende verstehe ich *erst* und handle und bewerte *dann*.

Das Wort *zuerst* ist dabei für unseren Zusammenhang ein Schlüsselwort. Denn nichts, so lehrt uns die Schrift, ist *an sich* unrein (Rö 14,14). Alles ist unser, und wir sind des Herrn (1. Kor 3, 22). Alles jedoch hat seinen Platz, seinen Preis und seine Zeit. Wenn sich durch Ängste und Vorurteile Prioritäten vertauschen, spielt das dem Diabolos in die Hände, dem Durcheinanderbringer.

Ordnung kann wiederhergestellt werden, wenn das bewusste Ich die durch Alles-nur-*das*-nicht-Entscheidungen zu Götzen aufgeblasenen Ansprüche auffindet, sie relativiert und gleichzeitig ernst nimmt, wo sie Recht haben. So dass sich mein inneres Kind (mein Herz) beruhigt und zusammen mit dem bewussten Ich wieder angstfrei kooperieren kann.

Wenn ich mir bewusst werde, weshalb ich böse werde und *Es* identifiziere, habe ich mein Problem womöglich immer noch, aber mein Problem hat nicht mehr mich. Es „heraus bekommen“, hat sogar als Wort diese doppelte Bedeutung: es herausfinden und es los werden.

Mit anderen Worten: Wir wissen jetzt, dass es die Angst ist, die sich in uns mit einem Alles-nur-*das*-nicht-Schwur breitmacht und dazu verführt, dass wir in unserem Alltag Et-WAS an die erste Stelle setzen, etwas, das nicht Gott ist. Von unserem bewussten Wollen ist dann zwar immer noch Gott derjenige, dem wir den ersten Platz geben. Aber im Herzen regiert die Angst, und unsere Innenwelt dreht sich um die verkehrte Hauptsache. Martin Luther wusste das: „Worauf wir unsere Hoffnung setzen, das ist unser Gott.“

Und wenn ich statt eines ungeprüften „Alles-nur-*das*-nicht“-Reflexes ja sage, „Ja, Herr, alles, auch das“, dann ist der Bann gebrochen. Mit der Bereitschaft *ja* zu sagen, geht die Sache über in Gottes Hand. Wenn der Angst- und Schmerzpunkt genau getroffen ist, so dass mein Herz weiß, was es am Gott loslassen soll, ist man frei, das heißt, jetzt kann man auch wieder *nein* sagen, ein legitimes Nein, angemessen und affektfrei, ein Nein, das nicht Rebellion ist.

Der Unzufriedenheit und der Angst Land abzugewinnen bedeutet, die Grenze, innerhalb derer ich angstfrei leben und mich wohlfühlen kann, zu erweitern. Wie praktisch, wie motivierend, dass beides, gottergeben leben und sich wohlfühlen, zusammenfällt.

* *

*

Eine Warnung (das Paradoxon)

Florian ruft an: „Hab ich dir eigentlich mal erzählt, wie sehr ich in Konflikt geraten bin durch Dr. X ? Nein? Ich fand meine Stimme zu leise und fragte ihn, was ich da machen kann. Er sagte: *Du musst annehmen, dass es so ist, dass du nicht lauter sprichst. Das hilft.* Aber wenn ich es deshalb annehme, dass ich so leise spreche, weil ich dadurch lauter zu sprechen hoffe, dann habe ich es doch nicht angenommen, oder?"

Eine Berliner Freundin schrieb mir vor einiger Zeit: „Bei mir hilft das nicht, was du lehrst. Wenn ich zu Gott sage, *Alles, auch DAS*, dann ändert sich nichts. Was ich fürchte, trifft trotzdem ein." – Dasselbe in grün.

Wenn sie einen *Alles-auch-DAS*-Satz vor Gott ausspricht, um damit abzuwenden, was sie fürchtet, dann hat sie nicht die Bereitschaft bewiesen, alles, komme, was wolle, anzunehmen aus Gottes Hand, sondern wahrscheinlich eher ihre Alles-nur-*das*-nicht-Haltung angstvoll bekräftigt.

Erleichterung tritt ein, wenn man den subjektiven Schmerz-Punkt herausfindet, nämlich die als inneres Bild wahrgenommene Differenz Anspruch-Realität. Und wenn man dann (meist nach einer Phase des Zorns, in der die Bereitschaft, ja zu sagen, wenn es gut geht, langsam reift) schließlich sein *Ja, selbst DAS* zu Gott sagen kann.

Das ist aber eher ein inneres Handeln als ein äußeres Sprechen. Und außerdem eine Erfahrung, kein Recht. Wenn ich ein Recht daraus mache, ist zu dem alten ein neuer Anspruch gekommen, den es im Glauben an Gottes Allmacht auch wieder loszulassen gilt.

Mich erinnert das an eine eigene Erfahrung. Ich war allein in der Wohnung, die Familie war unterwegs. Ich las laut betend Psalm 119. Und während des Lesens wurde ich frei von Niedergeschlagenheit, wenn nicht gar Depression. Ich atmete auf und merkte mir: Bei Niedergeschlagenheit Psalm 119 beten!

Als ich ein paar Tage später wieder niedergeschlagen war, nahm ich mir wieder Psalm 119 vor. Aber diesmal blieb die Befreiungserfahrung aus. Mein Rezept funktionierte nicht. Woran lag das? – Es wurde mir glücklicherweise bald klar:

Im ersten Fall war es meine Absicht gewesen, zu beten. Die Psalmverse nahmen mich mit in die Gottergebenheit, die sie ausdrücken. Im zweiten Fall wollte ich primär etwas anderes, nämlich die Wiederholung meiner Befreiungserfahrung. Das war nicht falsch, aber es war etwas anderes, etwas viel Schwächeres, etwas, was in meinem Geist das Ruder nicht herumreißen konnte.

Hinter der Frage, „Was muss ich tun, damit es mir besser geht?“ steckt, wenn auch eher unbewusst, der Gedanke: „Was muss ich tun, um um jeden Preis zu verhindern, was ich um keinen Preis erleiden möchte.“ Das ist nicht die Frage nach Gottes Willen.

Auf dem Weg vom Oje zum Aha geht es nicht um ein Rezept, das garantiert bewirkt, dass nicht eintritt, was wir fürchten, sondern um das vorsichtige Verlassen des Bedingungsgefüges, in das sich die Angst eingenistet hat.

Das Ergebnis ist Umwandlung, Erlösung, Metamorphose. Im Duden findet sich unter „Paradoxon“: *„Scheinbar falsche Aussage, die aber bei genauerer Analyse auf eine höhere Wahrheit hinweist.“*

„Wer Ohren hat zu hören, der höre“, möchte man hier am liebsten mit Jesus sagen.

Die Metamorphose

Wir sind als Menschen gut ausgestattet für dieses Leben. Wir können uns, solange wir mit Bereitwilligkeit und Gutwilligkeit unsere Probleme lösen, darin zu Hause fühlen und glücklich sein. Dennoch: Es treten immer wieder Umstände ein, die uns an unsere Grenzen bringen. Wir werden „böse" (nehmen übel). Wir sagen nicht mehr einfach *Ja* oder *Nein*, sondern ziehen die Grenze unserer Bereitwilligkeit mit Granithärte enger und enger und beharren trotzig auf einem absoluten *Nein*, einem *Nein um keinen Preis.*

Die entstehenden Mauern und Grenzen erweitern sich wieder, sofern wir vergeben und an Güte gewinnen. Wenn das geschieht, kehren wir aber nicht zurück zur naiven, kindhaften Gutwilligkeit, sondern entwickeln uns hin zur Gnade, Barmherzigkeit, Feindesliebe und einem Wandel im Geist. Eine Metamorphose, auf die es Gott offenbar ankommt.

Vielleicht kommt man, wie Luther das anregt, am Ende dahin, die sich anbietenden negativen Emotionen gar nicht mehr aufzugreifen, sie wie herumflatternde Vögel anzusehen, die zwar kommen und gehen, aber gar nicht zu uns gehören.

Mir gefällt dieser Gedanke, und ich stimme ihm vor allem für solche Emotionen zu, die schon durchbuchstabiert sind, wo ich mich in der Kunst des Loslassens schon in der fünften und nicht mehr in der ersten Sterbestufe befinde. Denn andernfalls ist die Coolness womöglich nur geheuchelt und man kennt in Wirklichkeit noch gar nicht den Unterschied zwischen Übel-nehmen und Übel-stehen-lassen.

Der bekannte Seelsorger Antony de Mello preist Bewusstheit als das, was hilft, sich zu verändern*, Bewusstheit, nicht Anstrengung. Nur im Rahmen dessen, was uns bewusst ist, entkommen wir dem Zwang unserer Automatismen und können in Freiheit wählen. Und „wer wirklich eine Wahl hat, wählt richtig“ (S. Kierkegaard). **

---

* Antony de Mello, *Der springende Punkt*, Freiburg 2004

** Sören Kierkegaard, Entweder-Oder, leichter lesbar gemacht in Hanne Baar, *Kierkegaard zum 18ten*, Hymnus-Verlag, S. 14 - 18.

Nachwort

Was will ich mit diesem Buch? Ich möchte motivieren, Unzufriedenheit, sobald sie störend wird für den Lebensfluss, ihrem Inhalt nach wahrzunehmen. Denn das bedeutet, nicht stecken zu bleiben in der Unzufriedenheit, sich auch nicht zu sehr aufzureiben in den Versuchen, die aktuellen Anlässe für die Unzufriedenheit zum Verschwinden zu bringen und zu verzweifeln, wenn das nicht gelingt.

Sich vorzutasten mit der Frage, was im Falle einer momentanen Unzufriedenheit eigentlich so schlimm ist, bringt die konkrete Enttäuschung klarer auf den Tisch und macht ein Verschmerzen möglich.

Das klingt vielleicht altbekannt, vielleicht harmlos und naiv, hats aber in sich. Ganze Welten untergegangener Lebensthemen, Hoffnungen und Möglichkeiten tun sich so wieder auf.

Das A und O im psychotherapeutisch/seelsorgerlichen Rahmen ist immer die Frage: „Wandlung oder Stagnation?" Anders ausgedrückt: „Will ich Schmerzliches verarbeiten (verschmerzen) oder angestaute Bitterkeit vertiefen?"

Zu beidem sind wir fähig, in beides eingeübt. Was aber nimmt zu in einem Menschenleben? In dem Maße, in dem sich der Pol vom Ansammeln zum Auflösen der Übel verschiebt, das heißt, von den Schmerzabwehr-Mechanismen zum bewussten Verschmerzen, wird die innere Freiheit zurückgewonnen, in der Gottesnähe erlebt und gute Einfälle empfangen werden können, Gottes Reden und seine erstaunlich beständige, tragfähige Führung.

Solche Umkehrprozesse laufen immer ab, notgedrungen, denn Bitterkeit eskaliert und stranguliert uns von einem gewissen Punkt an geradezu, würgt alles ab, was schön sein könnte im Leben. Insofern tun Krisen für die Reifung mehr als ein Buch tun könnte. Warum also ein Buch?

Ein Buch kann helfen, nicht über die konkreten Lasten hinaus an der Desorientierung zu verzweifeln. Was noch keine Heilung darstellt, aber Heilung wieder denkbar macht.

Das darf man zum Beispiel wissen: Mit unseren kleinen und großen Krisen fallen wir nicht in Löcher, sondern in Trichter. Das heißt, in Kisen kreist unser Denken und Fühlen um ein bestimmtes Thema, dessen Kern eine Enttäuschung ist. Unzufriedenheit wird inhaltlich verstanden.

Einen Durchbruch (eine Durchbruchserfahrung) erleben wir schließlich, wenn die konkrete Enttäuschung eines konkreten Anspruchs verstanden und verschmerzt ist. – Sind wir durch die Engführung einer Krise hindurchgekommen, „erlöst aus dem Rachen der Angst und auf weiten Grund gestellt“, dann erholen wir uns, das Leben geht weiter. Irgendwann stecken wir im nächsten Problem fest und vermuten: Es wird hoffentlich wieder nur ein Trichter sein, keine Falle, kein Loch, kein auswegloser Abgrund. Und genauso ist es. Herausforderung um Herausforderung kann bewältigt, Trichter um Trichter durchlaufen werden, kleine Trichter, große. Jedes Mal, wenn ein Konflikt uns lange genug umgetrieben hat und der Engpass passiert werden konnte, ist das Ergebnis ein Aufatmen, ein Begreifen, eine Horizonterweiterung, ein Gewinn.

Die beunruhigenden Vorstellungen, die uns umtreiben, sind immer andere. Sie sind vielfältig wie das Leben. Die Abwehrmechanismen dagegen, Übelnehmen und Wegstecken, das heißt Verdrängung, Verunklarung, Beschönigung, Verdrehung, Projektion usw. sind immer gleich und können deshalb studiert, durchschaut und ausgeschaltet werden.

Verschiedene Beispiele,
die den Wendepunkt beleuchten

1

Wenn ich Unzufriedenheit, rumorende Gefühle oder eine hochkochende Verzweiflung einmal nicht loswerde, dann meist deshalb, weil ich beim aktuellen Anlass stehen bleibe, statt zum eigentlichen Übel vorzudringen.

Ein Beispiel: Ich war im letzten Jahr sehr niedergeschlagen über ein Fußproblem. Ich selbst fand meine Niedergeschlagenheit verständlich: Nicht vernünftig laufen zu können, wer ist da nicht niedergeschlagen, dachte ich.

Als ich endlich darauf kam, die Niedergeschlagenheit doch einmal genauer zu beleuchten, kam der eigentlich Anlass zutage. Ich klagte zwar ohne Ende über die Schmerzen beim Gehen, mein Herz sang aber mit zunehmender Deutlichkeit ein anderes Lied, das lautete: „Mir darf es einfach nicht gut gehen." Und dieser schmerzliche Gedanke bekam seine Nahrung durch den uralten Verdacht: „Ihr (die Eltern, Gott ...) habt mich einfach nicht lieb!" Erst damit war ich am *eigentlichen* wunden Punkt.

In negativen Gefühlen bis zum eigentlichen Grund vorzudringen macht es möglich, den Anspruch zu sehen, auf dessen Erfüllung man nicht vertrauensvoll hofft, sondern wie auf seinem Recht im Sinne einer Bedingung mehr oder weniger aggressiv besteht. Und das so selbstverständlich und so versteckt! Die befreiende Gegenbeweung, wie schon mehrfach betont, ist das bewusste „Sterben“ an diesem Punkt: „Ja, Herr, selbst wenn es so wäre...!“

Als ich so weit war, das zu sehen, hatte ich zuerst statt einem zwei Probleme. Das Fußproblem konnte vom Orthopäden gelöst werden. Die Angst, von Gott nicht geliebt zu werden, war in einem anderen Zusammenhang von mir schon einmal durchbuchstabiert worden. Entsprechend ging es diesmal schnell, an diesem Punkt mit mir selbst und mit Gott ins Reine zu kommen.

2

Die vorausgegangene Erfahrung lag zwei, drei Jahre zurück. Es war das Jahr 1996. Ich war zu meinem Entsetzen an Brustkrebs erkrankt und tat gehorsam, was mir die Ärzte rieten. Das war vor allem eine Operation. Gleichzeitig blieb ich dabei, als Ursache für die körperlichen Knoten in der Brust seelische zu verdächtigen. Schließlich bekam ich das *Übel*, das ich über Jahre geschluckt hatte und das untergründig an mir nagte, zu fassen und wurde es in einem gründlichen Vergebungsprozess los. Danach ging es mir lange gut. Ich dankte Gott und hielt mich für geheilt.

Als dann jedoch erneut ein Rezidiv auftrat und zwei Jahre später ein zweites (alles immer an derselben Stelle, an der ich dreimal operiert und zweimal bestrahlt worden bin), entstand in meinen Gefühlen eine Niedergeschlagenheit, derer ich nicht Herr werden konnte.

Meine Söhne fragten: Wovor hast du Angst? Vor dem Sterben oder davor, tot zu sein?

Ich überlegte und kam zu dem Resultat: Vor beidem eigentlich nicht. Daniel mutmaßte: Oder hast du Angst vor den Schmerzen?

Nein, auch das war es nicht. – Was war es dann? – Ich wusste es nicht, wollte es aber wissen und fuhr, weil ich mir für dieses Thema unbedingt Zeit nehmen wollte, ein paar Tage in die Berge.

Auf steilen, einsamen Wegen gab ich dort meinen Gefühlen hemmungslos Ausdruck. Und schließlich, auf einem steinigen Gratweg, am Wegrand Silberdisteln, vor mir das Gipfelkreuz, hatte ichs. Im Kern meiner Niedergeschlagenheit nistete der Verdacht: „Gott pfeift auf mich."

Gleichzeitig erschrocken und froh, den genauen Schmerzpunkt gefunden zu haben, überlegte ich: Kam es auch in einem solchen Fall darauf an, zu kapitulieren, mein Herz zu einem „Selbst dann" zu bewegen, zu einem gottergebenen „Alles, auch das"? Was ich bisher in Predigten über Glauben gehört hatte, sprach dem entgegen.

Im gleichzeitigen Fragen vor Gott und im Achten auf das, was mein Herz wollte, fiel mir eine Schriftstelle ein, ein Gebet König Davids – auch unter Lebensgefahr gesprochen. Es lautet: „Finde ich Gnade vor dem Herrn, so wird er mich retten. Spricht er aber: Ich habe keine Lust zu dir! – siehe, hier bin ich; er tue mit mir, wie es ihm gefällt" (2. Sam 15, 25f).

Als ich mich mit diesem Gebet Davids wortlos eins machte, platzte mein Verzweiflungs-Knoten wie eine Seifenblase. Statt Todesangst und Niedergeschlagenheit war da jetzt Freude, Aufatmen und das völlig sichere Wissen, dass Gott nicht auf mich pfeift.

Wieder dieses Geschenk, dieses Geheimnis: Der Moment der Kapitulation brachte den Wendepunkt in den Gefühlen. – Und auch von Krebs ist seither nicht mehr die Rede.

3

Die Russin Tatjana Goritschewa war in den achtziger Jahren, während sie im Zusammenhang mit Yoga das Vaterunser meditierte, zum Glauben gekommen. Sie hatte, wie sie es selbst nennt, dabei unerwartet „die Erfüllung mit dem Heiligen Geist" erlebt und schloss sich den Christen im Untergrund an. – Eines Tages sollte sie vom KGB, dem sie inzwischen ein Dorn im Auge war, unschädlich gemacht werden.

Sie schreibt in *Die Kraft der Ohnmächtigen,* Wuppertal 1987, S. 23: „Ich wusste, dass sie mich eines Tages verhaften würden, aber dann kamen sie doch unerwartet ... Als man mir sagte: *Wir werden Sie in eine psychiatrische Klinik schicken* und ich hörte, wie man anrief und das Auto anforderte, da habe ich mir vorgestellt, dass mein Leben – nicht nur mein physisches, sondern auch mein psychisches und geistiges Leben – wirklich an der Grenze zum Tode angelangt war. Nun war das Leid da. Ich befand mich in einer Sackgasse. Das war unbeschreiblich schwer zu ertragen. Und dann habe ich gesagt: *Gott, wenn du willst, dann nimm sogar diese letzte Möglichkeit zu leben von mir*. Und ich kann sagen, dass mich augenblicklich eine ganz andere, eine neue Energie erfüllte, eine solche Ausstrahlung wirklichen Glücks, dass ich mich zu nichts mehr durchringen musste – ich habe mich einfach geändert. Ich war ein anderer Mensch dort in jenem Zimmer, ein ganz anderer Mensch. Das war eine solche Gnade, wie ich sie niemals vorher erlebt hatte. Man kann nur wünschen, dass alle Menschen das erleben. Ich glaube, es ist nicht das Leid, man könnte so viel, so unendlich viel leiden! Es ist einfach die B e r e i t s c h a f t *, das Leid anzunehmen."

So wie Abraham seinen Isaak nicht zu opfern brauchte, als er dazu bereit war (1. Mo 22), so wurde Tatjana G. auch nicht in die Psychiatrie eingeliefert, sondern ihres Landes verwiesen. In Europa, besonders in Frankreich und Deutschland, hatte sie dann die Gelegenheit, zu vielen Menschen über den Glauben zu sprechen. In Deutschland kam im Verlag Herder ihr Bestseller heraus, „Von Gott zu reden ist gefährlich", dem eine ganze Reihe weiterer Bücher von ihr folgte.

4

Das klassische biblische Beispiel für krisenhafte Schicksalsschläge ist die Geschichte von der Prüfung Hiobs (Hiob 1-42). Sie hat die für eine Krise typischen Phasen: Schicksalsschläge, Berater, die es gut meinen, aber wenig helfen können, Gott selbst tritt in Erscheinung, Hiob widerruft und unterwirft sich. Nun erntet er doppelten Segen. Hier die Geschichte:

Der gottesfürchtige Hiob war von Gott mit Söhnen, Töchtern, Reichtum, Ansehen, Gesundheit reich gesegnet. Gott hatte Freude an diesem Mann. Aber eines Tages stichelte Satan, der in der Versammlung der Gottessöhne auftauchte, Hiob halte Gott nur deshalb die Treue, weil es sich für ihn lohne. Sobald Gott die Segnungen von ihm nähme, wäre es damit sicher zu Ende. – Gott ließ sich herausfordern und

---

* **Hervorhebung durch H. B.**

trat Satan gegenüber den Beweis an für seine Meinung, dass Hiob ein gerader, aufrechter, gottesfürchtiger Mann sei. Er erlaubte Satan, Hiob zu schaden.

Nacheinander verlor dieser daraufhin seine Söhne und Töchter, seinen Reichtum, sein Ansehen, seine Gesundheit. Am Ende saß er in der Asche auf den Trümmern seines Glücks und kratzte sich mit einer Scherbe den Schorf von den Wunden.

Freunde und Berater, die von Hiobs Unglück gehört hatten, suchten ihn auf und predigten ihm – mit teils richtigen, teils unrichtigen Argumenten – Unterordnung unter Gott.

Insgesamt haben sie damit Hiob mehr verletzt als getröstet und von Gott ein Bild entworfen, mit dem Gott nicht einverstanden war. Immerhin waren sie jedoch Hiob in der Not nahe.

Bevor sie ihm ihre Monologe vortrugen, saßen sie eine Woche lang Tag und Nacht schweigend neben ihm auf der Erde, um an seinem Leid Anteil zu nehmen. Alles in allem waren sie Seelsorger mit genau den Mängeln, die nötig sind, damit man nicht vergisst, am Ende doch vor allem Gott selbst zu fragen.

Und so geschah es. Gott selbst begegnet Hiob im Wetter. Er zeigte ihm seine Macht und Größe, so dass Hiob aufhört, mit dem allmächtigen Gott wie mit seinesgleichen zu rechten.

Hiob unterwirft sich Gott bedingungslos und erlebt, dass ihm alles Verlorene doppelt erstattet wird. Danach lebt er noch viele Jahre und stirbt am Ende alt und lebenssatt. – Sein Dank an Gott, sein Lied, das wir bis heute singen, lautet: „Ich hatte von Dir nur vom Hörensagen vernommen. Aber nun hat mein Auge dich gesehen.“

Literatur

Wilfried Daim, *Umwert. der Psychoanalyse,* Herold, Wien 1951

Wilfried Daim, *Tiefenpsychologie und Erlösung*, Wien 1954

Viktor E. Frankl, *...trotzdem Ja zum Leben sagen. Ein Psychologe erlebt das Konzentrationslager*, Kösel, München 1982

T. Goritschewa, *Die Kraft der Ohnmächtigen,* Wuppertal 1987

E. Kübler-Ross, *Interv. mit Sterbenden*, Knaur, Stuttgart 1977

M. und D. Linn SJ, *Beschädigtes Leben heilen*, Styria, Graz - Wien - Köln 1981

R. D. Laing, *Phänomenologie der Erfahrung*, Suhrkamp 1969

Peter Lincoln, *Wie der Glaube zum Körper findet, Focusing als spiritueller Übungsweg*, Aussaat-Verlag, Neukirchen-Vluyn 2007

Alexander Lowen, *Narzißmus, Die Verleugnung des wahren Selbst,* Kösel, München, 2. Aufl. 1986

A. de Mello, *Der springende Punkt*, Herder-Verlag, Freiburg 04

Fritz Perls, in *Gestalttherapie in Aktion,* Ernst Klett Verlag Stuttgart, 1974

Anees Sheik und Charles Jordan: Eidetische „Psychotherapie" in Corsini, Handb. der Psychotherapie, Bd. 2, 3. Auflage, 1994

Ann Weiser Cornell: Focusing, *Der Stimme des Körpers folgen,* Rowohlt, Reinbeck bei Hamburg, 9. – 14. Tausend 1997

Artho S. Wittemann: *Die Intelligenz der Psyche, Kösel*, München 2000

Hanne Baar,
- *Kierkegaard zum 18ten*, Kernpass. aus ENTWEDER/ODER, Hymnus-Verlag, Rottendorf, 1997
- *Kierkegaard für Volljährige*, Kernpassag. aus DIE KRANKHEIT ZUM TODE, Hymnus, Rottendorf 2000
- *Qualgeist Eifersucht*, Hymnus, Rottendorf 2002[5]
- *Wie man wahnsinnig werden kann,* Hymnus 2001[3]

Dankbar bin ich

mehreren Kollegen und Freunden für die freundliche Durchsicht des Manuskriptes, namentlich Joachim Kix, seiner geduldigen und vor allem kompetenten Beratung. Zudem besonders auch Artho S. Wittemann. Durch sein Buch, *Intelligenz der Psyche*, sah ich zum ersten Mal definitiv, dass das Böse, Unwirsche, Aufbrausende, Rechthaberische usw., was ich an mir selbst sehr schwer ertrage, Zeichen dafür sind, das Teile von mir v e r s t a n d e n werden möchten in dem, was sie wirklich wollen.

Es gibt nichts in den letzten Jahren, was mich freundlicher hätte stimmen können, freundlicher mit mir selbst und mit anderen, die ich zuvor weder verstand, noch verstehen wollte, sondern als indiskutabel abtat.

Dank auch an Karin Gruppe, eine Seelsorgerin nach meinem Herzen, durch die ich unmittelbar nach meiner Bekehrung im Jahr 1974 zweierlei lernte: Eigene Sünde beim Namen zu nennen und gleichzeitig vor Gott zu bekennen, dass ich mich davon nicht erlösen kann. Dieses doppelte Bekenntnis, das mir irgendwann in Fleisch und Blut gegangen ist, half mir, leben zu können ohne mir selbst etwas vorzumachen.

Dank auch an Eberhard Ott (Antiquariat-exlibris.de), der mir über seinen Internet-Büchersuchdienst jedes gewünschte vergriffene Buch besorgte, ohne das ich nicht mit der Sicherheit hätte schreiben können, was ich schreiben wollte und geschrieben habe.

Und nicht zuletzt danke ich meinem Kollegen Wolf-Dieter Hartmann für den Titel dieses Buches: Vom Oje zum Aha.

Ganz herzlichen Dank!

Hanne Baar
Kardinal-Döpfner-Platz 7
97070 Würzburg

Hanne Baar, Diplompsychologin

1968	Studienabschluss in Münster
1968 - 1973	Lehrtätigkeit an Fachschulen für Sozialpädagogik
1973 - 1980	Leitung einer Psychologischen Beratungsstelle des Kreises Neuss in Meerbusch
1974	Bekehrungserlebnis, neue und tiefere Annahme des christlichen Glaubens
1976 - 1987	Leitung einer Teestube, die Arche in Meerbusch-Osterrath (zusammen mit ihrem Mann)
1988 - 1990	Arbeit mit psychisch Kranken im Rahmen von Teen Challenge in Freiburg-Opfingen (zusammen mit ihrem Mann)
1987-1990	Zusatzausbildung zur Christlichen Therapeutin (IACP) bei IGNIS, Kitzingen
Seit 2002	alleinlebend in Würzburg

Hanne Baar und Jana Herzberg

Gottesbegegnung am wunden Punkt

Hymnus-Verlag, Würzburg 2002
Pb., 120 S., 74 Abb., 10,– Euro
ISBN 3-933959-04-7

Unter Verwendung von 74 treffsicheren Zeichnungen geht es um das betende Verarbeiten verwirrender Erfahrungen.

Wut, Angst, Unlust...? Was habe ich vor Augen, wenn ich so fühle? – Wer es wagt, genauer hinzuschauen, hat sein Problem womöglich immer noch. Aber, welch ein Unterschied, das Problem hat nicht mehr ihn.

Aus dem Inhalt:

1. Mein Gott, erbarme dich über meine Verschlossenheit, berühre mein Herz und lass es wieder leben.
2. Mörderische Wut
3. „NO SEX“, bitte!
4. Einer muss schuld sein – jemand anders als ich.

Vier Bildergeschichten. Gott siegt über schmerzliche Erinnerungen. Man atmet auf.

Hanne Baar

Die Namen meiner Feinde

Haltungssünden unter der psychologischen Lupe

Hymnus-Verlag, Würzburg 2007[6]
Tb., 120 S., 7,50 Euro
ISBN 3-9803801-2-2

Viele Menschen fühlen sich heute unter Druck. Alles wird ihnen zu eng: Kleider, Vorschriften, Termine, Erwartungen und Ansprüche anderer. Vor allem quält sie der Druck, der von den (wirklichen oder vermeintlichen) „Bergen unerledigter Arbeit" ausgeht. In der Bereitschaft, sich den ätzenden Gefühlen und Gedanken zu stellen, verraten die inneren Feinde ihre Namen.

Auch in Englisch:

Hanne Baar

The Names of My Enemies

Foreword by John Sandford

Hymnus-Verlag
Tb., 130 S., 7,50 Euro
ISBN 3-933959-00-4

On the Track of Attitude Sins – A Personal Study in Christian Psychology

Hanne Baar
Gott macht alles neu
Essays zum Nachspüren

Hymnus-Verlag, Rottendorf 2001[2]
Tb., 72 S., 7,50 Euro
ISBN 3-9803801-4-9

Aus dem Inhalt: Wovon ich überzeugt bin – Charismatische Erneuerung, ein Geschenk Gottes an unser Jahrhundert Amazing grace – Den Unmündigen wird es geoffenbart – Das Übel nicht nehmen – Das Übel im Leib – Diagnose Krebs Diagnose Schizophrenie – Verhängnisvolle Dreiecksbeziehungen – Das Keine-Zeit-Syndrom – Gott kann rechnen – Mein Gottesbild *und andere*

Hanne Baar
Gott macht das Schwache stark
Essays zum Nachspüren

Hymnus-Verlag, Würzburg 2003[3]
Tb., 72 S., 7,50 Euro
ISBN 3-9803801-3-0

Aus dem Inhalt: Druck, Stress und keine Zeit · Wollen, was Gott will oder: Das feine, freie Zusammenspiel von Wille und Gewissen · Den Riegel lösen: Ein Beitrag zum Thema Resignation · Bei Gott ist kein Ansehen der Person · Die Tücken innerer Gewissheit · Liebessehnsucht und Bindungsangst · Die Herkunft moralischer Werturteile (in Anlehnung an Max Scheler) · Awareness · Heilung von Beziehungswunden

Hanne Baar

Gott macht keine Fehler

Essays zum Nachspüren

Hymnus-Verlag, Rottendorf 2001
Tb., 85 S., Illustr. Jana Herzberg, 7,50 Euro
ISBN 3-933959-02-0

Aus dem Inhalt: Neid und Eifersucht, Quelle der Qualen Wut, in der Welt gesteht man sie sich zu, als Christ gesteht man sie sich ein – Theodizee – Zusammenhänge „sehen“ oder konstruieren? – Bilderleben und therapeutische Praxis – Verlorenes Paradies, aber nicht verlorenes Reich Gottes – Heilung am wunden Punkt – Angst vor Dämonen oder Vollmacht? *und andere*

Hanne Baar

Gott macht das Krumme gerade

Essays zum Nachspüren

Hymnus-Verlag, Rottendorf 2001[4]
Tb., 72 S., 7,50 Euro
ISBN 3-9803801-0-6

Aus dem Inhalt: Wonach sich das Herz verrenkt – Entstehung negativer Haltungen – Eifersucht – Das dominante Wesen Leistungsorientiertheit und Glaube – Die Grenze zum Wahnsinn – Seelischer Schmerz und die Angst davor – Hilfen in der Krise – Gebetskampf *und andere*

Hanne Baar

Quälgeist Eifersucht

Hymnus-Verlag, Würzburg 2002[5]
Tb., 100 S., 7,50 Euro
ISBN 3-9803801-1-4

„Eine gläubige Frau und Fachkollegin gibt hier ihr bewegendes Zeugnis. Sie erkennt, wie sie von Gefühlen beherrscht wird, die leiden machen und Leiden bereiten. Mit einer Offenheit, die betroffen macht, schildert sie ihre Erfahrungen. Wissend geworden, versucht sie gar nicht erst, den kranken Gefühlsknoten, der in uns allen wuchert, mit profanen Psychotherapie-Techniken aufzulösen. Sie bringt den Mut auf, den Befund zu erkennen und beim Namen zu nennen und am Besitztum der Kränkung nicht länger festzuhalten.“ (Dr. K.-H. Mandel, Diplompsychologe, Prem a. Lech)

Hanne Baar

Wie man wahnsinnig werden kann

Beiträge zu einer christlichen Tiefenpsychologie

Hymnus-Verlag, Rottendorf 2001³
Pb., 96 S., 34 Abb., 10,– Euro
ISBN 3-9803801-5-7

Es gibt einen „Virus“, der unsere Denkprogramme umfunktioniert und uns in den Wahnsinn zu treiben versucht. Wer seine in sich widersprüchlichen und eskalierenden Ansprüche nicht in Frage zu stellen bereit ist, und zwar „um keinen Preis“, den zerreißt es. In diese Zerrissenheit hinein bietet sich (pseudoverbindend) der Wahnsinn an. *„Eine spannende, fachlich saubere Aufspürarbeit.“* (Dr. med Rolf Senst, Facharzt für Psychiatrie und Psychotherapie, Leiter der Fachklinik in Egenhausen)

Hanne Baar

Vom Oje zum Aha!

Die Anatomie der Durchbruchserfahrung

Beiträge zu einer christlichen Tiefenpsychologie

Hymnus-Verlag, Würzburg 2008
Pb., 100 S., 7 Abb., 10,– Euro
ISBN 978-3-933959-06-5

Geistesblitze, Ahaerlebnisse und Befreiungserfahrungen, wenn man sich auf sie einlässt, hinterlassen Gewissheiten, schenken Orientierung und ermöglichen Umentscheidungen. Ein bisher aus der bewussten Aufmerksamkeit angstvoll abgebundener Inhalt liegt wieder auf dem Tisch, kann beleuchtet und umfassend verstanden werden. Man weiß, dass man weiß, dass man weiß. Und das tut selbst dann gut, wenn das, was man verstanden hat, etwas Schmerzhaftes ist.

Ein neues Buch aus der Reihe „Herzenssache, Beiträge zu einer christlichen Tiefenpsychologie“, das sich verführerisch leicht liest. Deshalb nicht zu schnell über die Zeilen fliegen.

Walter Sauter, Redaktionsleitung der Diözese Würzburg

Hanne Baars Texte kennzeichnet, dass man als Leser weiß, sie hat recht.

Joachim Kix, Diplompsychologe,
Referent für Seelsorge u. bibl. Lehre beim Marburger Kreis e.V.